T0047821

pe para entender

Jorge Luis Borges

Las opiniones expresadas
en esta obra son responsabilidad
del autor y no representan
necesariamente la ideología
de la editorial.

para entender
Jorge Luis Borges
Christopher Domínguez Michael

Dirección: Mauricio Volpi
Dirección editorial: Andrea Fuentes Silva
Línea gráfica / Diseño de la colección: Taller de Comunicación Gráfica
Jefa de diseño: Sandra Ferrer Alarcón
Formación: Lucero Vázquez Téllez
Fotografía de portada: © Paulina Lavista

Primera edición: Nostra Ediciones, 2010

Alberto Zamora 64, Col. Villa Coyoacán,
04000, México, D.F.

ISBN: 978-607-7603-58-0 Nostra Ediciones

Impreso en China

pe para entender

Jorge Luis Borges

Christopher Domínguez Michael

México | España

i.m. Alejandro Rossi

Índice

1. Leer a Borges

Me ocurrió a mí como le había ocurrido a muchos lectores antes y le ocurrirá a muchos otros más mientras el mundo sea mundo. Me refiero al momento de asombro que significa abrir un libro de Jorge Luis Borges por primera vez. Yo tenía trece años y cayó en mis manos un ejemplar de *El Aleph*, la colección de relatos que Borges había publicado originalmente en 1949. Es probable que el libro me haya sido recomendado por mi familia, en aquel año de 1975, cuando Borges ya llevaba al menos quince años de ser uno de los escritores más famosos de la tierra. Pero prefiero creer, para efectos de lo que me propongo en esta introducción, en la improbable circunstancia de que yo haya llegado solo, heroico y enigmático como se suele concebir a sí mismo un niño camino de la adolescencia. Había yo escuchado leer a Juan Rulfo sus cuentos en la radio y leído, en natural desorden, algunos clásicos mexicanos como *Los de abajo*, de Mariano Azuela, varios tomos de las aventuras de *Los piratas de la Malasia* de Emilio Salgari, abundante ciencia-ficción y muchas crónicas de los viajes estelares pues aquellos eran los tiempos en que se aseguraba que al primer hombre en la luna le seguiría un tercero y luego 300 o tres mil, y que al final toda la humanidad visitaría los planetas y los satélites de la galaxia.

Y pese a no ser un niño del todo ignorante en materia de libros, lo que Borges me ofrecía era nuevo, fabuloso. Era aterrizar en un astro desconocido, lleno de prodigios. La fuerza de gravedad de ese planeta me ha hecho permanecer en él hasta el día de hoy, disfrutando de la hospitalidad sin fin ofrecida por sus habitantes, figuras realistas o inverosímiles, algunos monstruosos, otros afantasmados: la mayoría son sabios o guerreros enloquecidos por los espejos, los laberintos o las bibliotecas, capaces de viajar en el tiempo o de apoderarse de éste —la eternidad misma— de manera trágica o cómica, empeñados en descifrar textos y en explicar símbolos, como lo hacían los arqueólogos a cuyas aventuras, en el Valle de los Reyes o en Palenque, ya era yo aficionado. Tengo en mis manos el ejemplar de *El Aleph* que leí en aquel entonces y lo he abierto en el primero de los cuentos,

"El inmortal", una de las piezas más célebres de las muchas de Borges que lo son. Lo escojo por una sola razón, la de haber sido el primer texto que de Borges leí. En las próximas páginas trataré de reconstruir lo que aquella primera lectura pudo haber significado para mí, en asumido contraste con lo que a lo largo de los años he aprendido sobre la obra, la vida, la fortuna y el significado de Borges.

"El inmortal" empieza con un epígrafe en inglés, del filósofo Francis Bacon, en este caso. Un epígrafe, dice el diccionario, es una cita o sentencia que suele preceder a un texto, colocada allí como fuente de inspiración para el escritor o advertencia para el lector. A los trece años es probable que yo no supiera con exactitud qué era un epígrafe, pero su presencia funcionó perfectamente como un señuelo o una promesa, momento de solemnidad preparatorio para leer el primer párrafo del cuento, cuyas primeras líneas voy a citar, con la intención de descomponerlo a los ojos del lector:

> En Londres, a principios del mes de junio de 1929, el anticuario Joseph Cartaphilus, de Esmirna, ofreció a la princesa de Lucinge los seis volúmenes en cuarto menor (1715-1720) de la *Ilíada* de Pope. La princesa los adquirió; al recibirlos, cambió unas palabras con él.

La obra de Borges, como lo señalan casi todos los críticos que se han ocupado de ella, abunda en resúmenes y en biografías sintéticas, reales e imaginarias, escritas a la manera de la *Enciclopedia Británica* (en su edición de 1911), la colección de libros más valiosa de todas las leídas o consultadas en la biblioteca de su padre, el paraíso de la infancia que él se jactó de no de haber abandonado nunca del todo. "La biblioteca paterna es la fuente —dice Alan Pauls en *El factor Borges* (2004) —de todas las lecturas de Borges, así, a secas, porque el elenco de libros que devora durante la primera década del siglo es más o menos el mismo que le acompañará siempre [...] Para completar el *software* de la máquina Borges sólo hay que agregar unos pocos programas..."

Que Borges "imitara" el tono, la disposición y a veces hasta la sustancia de esa enciclopedia, como "imitó" otros libros, parece raro, a primera vista, a quienes fuimos educados, para decirlo en términos similares a los que usaría Borges, en "la superstición romántica de la originalidad", es decir, en la idea, antigua solo en dos siglos, de que un artista está llamado a hacer algo no sólo nuevo, sino sorprendentemente nuevo. Ocurre que Borges llegó a ser, por un camino largo, torcido y sorprendente, un escritor original sin despreciar el proceder de los pintores de caballete que a veces vemos copiando las obras maestras en los museos.

Esas imitaciones suyas acabaron por convertirse en variaciones significativas y luego en originales. Desde la *Historia universal de la infamia* (1935), una colección de pequeñas biografías de legendarios criminales, sugeridas en la historia pero deformadas por la imaginación, Borges hizo de la atribución deliberada —dar lo propio como obra de otro— una de sus técnicas preferidas como narrador, y del anacronismo —haciendo pasar mucho de lo que escribía como antiquísimo— su forma de rebelarse contra la doctrina de la originalidad.

Borges nos da, al comienzo de "El inmortal" —y el procedimiento será rutinario en algunos de sus cuentos— la sensación de veracidad que acompaña a las fechas históricas junto al enigma novelesco. No hemos llegado al capítulo I del cuento y ya contamos con varios elementos encantadores. Un anticuario, una ciudad oriental, una princesa y la *Ilíada,* uno de los libros más famosos. Y no es necesario —no habría sido mi caso— que el lector consulte su propios diccionarios o busque en la Wikipedia, para localizar a Esmirna en el mapa ni que verifique si existieron en la realidad o en la historia la princesa de Lucinge o el anticuario Joseph Cartophilus o que conozca esa edición de la *Ilíada* traducida por el poeta inglés Alexander Pope, que murió a mediados del siglo XVIII. Quizá sólo deba saberse que un libro en cuarto menor equivale en tamaño, más o menos, a nuestros libros de bolsillo.

Líneas más abajo, Borges nos ofrece la descripción del rostro del anticuario y practica esos contrastes sorprendentes que lo volverán una lectura inolvidable, como escribir que Joseph Cartaphilus se manifestaba "con fluidez e ignorancia en diversas lenguas" y se nos ofrece un mapa donde aparecen, junto a Esmirna, el puerto griego de Salónica y Macao, un enclave portugués en China. Sabemos luego que, pasados algunos meses —más de la duración de un verano en el hemisferio norte— la princesa se entera de que el anticuario está muerto y enterrado. Hace uso Borges, enseguida, de un recurso viejísimo y eficaz, célebre sobre todo por *Las mil y una noches*, otro de sus libros favoritos: introducir un cuento dentro de otro cuento, pues la princesa encuentra, en el último tomo de la *Ilíada* un manuscrito, que es el que vamos a leer. Y si tenemos presente que es un cuento también la *Ilíada*, tenemos ya tres historias una dentro de la otra: la que cuenta Borges, la descubierta por la princesa y las contadas por Homero.

Cuando leí "El inmortal" no había yo leído *Las mil y una noches* e ignoraba la antigüedad y la nobleza del arte de meter una historia dentro de otra. Pero ese lector que fui en 1975 ya era entonces, sin saberlo, un lector de la época de Borges. Después de leerlo, me encontré con *Cien años de soledad* (1967), de uno de los novelistas que con mayor provecho leyeron a Borges y registré un procedimiento que ya me era familiar, propiamente borgesiano: al terminar de leer la novela de Gabriel García Márquez, cuando el último de los Aurelianos va descifrando el pergamino profético de Melquíades, historia que él mismo está viviendo en ese instante, descubrí la universalidad de la historia de la literatura e hice una analogía crítica, la primera de las muchas que hace un lector empeñoso a lo largo de su vida. Más tarde, *Rayuela* (1963), de Julio Cortázar, novela dispuesta para que el lector la arme a partir de los elementos proporcionados por el narrador, también me pareció, no sin razón, borgesiana. Había yo descubierto a la literatura latinoamericana y ésta fluía desde la obra de Borges.

Al cuento dentro de un cuento y a la posibilidad de que ésa sucesión sea infinita, Borges agrega, en un último párrafo de la introducción de "El inmortal", una frase significativa que a su vez multiplica las posibilidades de la lectura. Se dice que el original del manuscrito, en posesión de la princesa de Lucinge, está "redactado en inglés", lo cual es interesante, como curiosa es su ocultación en el tomo de la *Ilíada*. El dato resulta tener, también, consecuencias fantásticas, como lo serán las aventuras, que leeremos, de "El inmortal". Al subrayar la lengua en que originalmente ha sido escrito el manuscrito, Borges nos lleva a una de sus intuiciones más polémicas: en la literatura, los originales y las traducciones tienen, cada uno, un valor equivalente. Esa idea fue transformada en una convicción metodológica por algunos influyentes teóricos de la literatura durante la segunda mitad del siglo XX y sería injusto responsabilizar a Borges del problema, nada fácil de resolver, de postular la primacía de la lectura sobre la escritura.

Borges jugaba con una vieja idea que considera que una traducción —buena o mala, pretendidamente fiel o llena de libertades— es una obra distinta de la original y no meramente su copia. Es un nuevo ser que, al duplicarse, se independiza del modelo del que proviene y sale en busca de una vida propia entre los lectores. La noción es vieja y debe remontarse, al menos, a los tiempos en que se escribió el Antiguo Testamento, pero ningún escritor moderno le había llevado hasta consecuencias a la vez tan sucintas y complejas como Borges. Él mismo meditó en el asunto, hablando de la diferencia entre una traducción y el original, que serían lo mismo si no supiéramos, como lo sabemos con mucha frecuencia, cuál es el original y cuál es la traducción.

Así, la reseña que hace Borges de las distintas traducciones de *Las mil y una noches* (en *Historia de la eternidad*, 1936) desdeña opinar sobre el original escrito en árabe y apuesta por la autonomía de cada una de estas traducciones. Esa reseña, como tantos de sus textos (y por eso, tratándose de Borges conviene hablar de textos al referirse a lo que tradicionalmente suponemos cuentos o ensayos) acaba por parecer una deliciosa ficción. Y el más célebre, entre los críticos literarios y los profesores de letras, de los cuentos borgesianos es "Pierre Menard, autor del *Quijote*" (en *Ficciones*, 1944) donde se presenta a un poeta francés de finales del siglo XIX decidido a reescribir, con todo detalle y sin copiarla, un par de capítulos y un fragmento de la gran novela de Miguel de Cervantes. El resultado de la empresa de Pierre Menard, tal cual lo señala Emir Rodríguez Monegal, uno de los grandes conocedores de Borges, es que lo escrito por Cervantes y lo escrito por su imitador, es literalmente lo mismo pero tiene un significado distinto en un contexto diferente al original. Insisto: es una inquietante broma de Borges que se convirtió en fuente de varias de las teorías de la literatura.

Borges sugiere que todo texto es, en principio, dos textos, el que está escrito y el que se lee, duplicidad que se multiplica en originales, copias, traducciones... Por ello, no es gratuita la mención de que el manuscrito que cuenta el derrotero de "El inmortal" es una versión en inglés que uno sabe que el autor transcribe, literalmente, al español en que lo estamos leyendo, aunque la princesa de Lucinge lo habrá leído en inglés. "El inmortal", para empezar, es un cuento dentro de un cuento y es una traducción que Borges (o el autor-personaje que escribe en su nombre) nos ofrece. No es que un lector "inocente" sepa todas estas cosas sobre una página borgesiana pero intuye lo dicho por el poeta italiano Eugenio Montale: el universo cabe para Borges en una caja de cerillos.

La lectura de "El inmortal" ha empezado entonces con los mejores augurios. Lo que sigue, empezado su primer capítulo, es cosa heroica y legendaria. Narra la historia de un importante legionario romano al servicio del emperador Dioclesiano, que gobernó hasta su muerte en 313 después de Cristo. Al protagonista del cuento —que se presentará después como Marco Flaminio Rufo— se le aparece, antes del alba y en Tebas, "un jinete rendido y ensangrentado" que viene del Oriente y rueda a sus pies, preguntándole en latín por el nombre del río que baña la ciudad. El legionario le da un nombre y el moribundo responde que es otro el río que persigue, aquel "río secreto que purifica de la muerte a los hombres". Muerto el extraño visitante, Marco Flaminio Rufo decide ir a buscar ese río y la Ciudad de los Inmortales levantada en uno de sus márgenes. Al emprender su busca, el legionario dice ignorar si cree en la existencia de esa ciudad. Es un agnóstico, el que dice no creer, como lo era el propio Borges, quien era escéptico en materia de religión pero amante de la teología (o de la metafísica), a la que consideraba la rama más apasionante de la literatura fantástica. De esa idea, tan combativa, del círculo de filósofos positivistas lógicos de Viena, se adueñará, alegremente, Borges.

Borges, a estas alturas de "El inmortal", se nutre de algunas de las descripciones de pueblos —los trogloditas, los garamantas o los augilas— de la Antigüedad hechas por Herodoto, el fundador de la historiografía, en sus *Historias,* y yo, regresando a ese lector que fui, ignoraba que el cuento que estaba leyendo se nutría de los clásicos griegos. Desde hacía tiempo —vuelvo a 1975— se les daba con reticencia a los niños esa historia de Grecia y Roma que había sido esencial en la formación del estudiante en Occidente hasta principios del siglo pasado, de tal forma que Borges, como veremos, funcionó también como un incitador, un maestro de historia y geografía nada convencional.

Mientras da con la Ciudad de los Inmortales, a Marco Flaminio Rufo le pasan muchas cosas y una de ellas, de no menor significación, son las pesadillas que lo visitan, tras ser traicionado por sus soldados y huir herido. Sediento, sueña con un laberinto en cuyo centro hay un previsible cántaro de agua. El laberinto y la biblioteca, descubrirá el lector, son los emblemas de la obra de Borges, los más reconocibles. Había en Borges una pasión infantil por los signos y por su transformación en símbolos. A él, como a los grabadores de grafitis o a los niños que se fascinan, sin saber cabalmente su significado, con ciertas cruces, con el símbolo de la paz, la hoz y el martillo, la svástica, la estrella de David, le encantaban esas señales de identificación, a menudo hechas de palabras, otras veces gráficas, al mismo tiempo pueriles y esotéricas, como lo son, por ejemplo, las espadas y los cuchillos, que Borges asociaba a la antigua mitología de los pueblos sajones o al mundo romántico de los bandidos argentinos. Borges es un escritor que nos ofrece, también, algunos amuletos —monedas mágicas, flores soñadas que conservamos al despertar, cartas de la baraja, caleidoscopios mejorados— que muy pocos lectores hemos podido rehusar.

Despierta Marco Flaminio Rufo de su pesadilla y habita otra pesadilla, lo cual es un recurso usual en un escritor practicante de los cuentos injertados en cuentos. Aunque cautivo, el legionario se sabe al pie de la Ciudad de los Inmortales, rodeado de un pueblo elegido, los trogloditas, que ni lo matan ni lo dejan vivir. Sólo en esos momentos nos dice su nombre y reitera ser un tribuno militar de las legiones de Roma.

Entre los trogloditas, Marco Flaminio Rufo quizá me pareció, a los trece años, un súper héroe condenado en un remoto planeta, y debí impresionarme mucho al leer que se detenía, víctima de "una especie de horror sagrado", frente a la Ciudad de los Inmortales. Eso del "horror sagrado" se me grabó como una expresión nueva e impactante que luego vi repetirse, degradada, en un escritor menor pero que entonces me parecía de la familia de Borges, un estadounidense, H. P. Lovecraft, el narrador de unas historias de terror basadas en conjeturar el regreso a la tierra de las horribles razas cósmicas que la crearon. Borges admiraba la imaginación de Lovecraft y aunque su estilo le agobiara, lo mencionó en su *Introducción a la literatura norteamericana* (1967) y hasta le dedicó uno de los cuentos de *El libro de arena* (1975). No hablo casualmente de Lovecraft, quien así como inventó una mitología un tanto excesiva, situada en el límite de la literatura y el cómic, creo que yo debí leer, junto a *El Aleph* y luego otros libros de Borges, como una enciclopedia de ese orden extraordinario que siempre es lo mitológico. Borges, por cierto, empezó a ser llamado, él mismo, "monstruo sagrado" cuando a su vida la fue corrigiendo la leyenda.

El horror sagrado, sublimado, se convirtió en una categoría asimilable a lo borgesiano, algo que hace enmudecer al lector como la Ciudad de los Inmortales a Marco Flaminio Rufo, una expectación de índole religiosa que invita a quien la sufre no a huir, sino a penetrar, no a leer pasivamente sino a jugar al desciframiento, en fin, una ceremonia que nos impele a participar de esa religión y de alguna manera a volvernos creyentes de ella. El horror sagrado, como sentimiento propio de la sorpresa que nos produce la experiencia estética, se convirtió en la actitud, a veces esnob y prefabricada y en otras ocasiones desbordada y genuina, con la cual me enfrentaba al gran arte desde que leí a Borges, y que vi repetida ante los cuadros de una exposición del surrealismo belga donde estaba la obra de Paul Delvaux, en un ensayo de Octavio Paz sobre la artesanía, o a través de la epilepsia del príncipe Mishkin en *El idiota* de Dostoievski. La literatura nos educaba en la conciencia de lo excepcional. En mi caso, esa exacerbación del sentido, se la debo, quizá, a mi lectura de "El inmortal".

Junto al horror sagrado, en este punto de la lectura van apareciendo, a simple vista y sin necesidad de ir demasiado lejos, expresiones muy propias de Borges que han sido imitadísimas, sobre todo en quienes, ciegos de horror sagrado, precisamente, nos propusimos ser escritores siguiendo la estela dejada por él. Borges renovó las metáforas del español, prefiriendo, a las comparaciones, el contacto momentáneo de dos imágenes, como cuando habla de "desiertos contemplativos" o "agua depravada", según lo registra el crítico colombiano Rafael Gutiérrez Girardot. El adjetivo, en Borges, más que calificar, como lo hace tradicionalmente, se sustantiva y se transforma en la sustancia de la denominación. Desde su juventud, en libros como *El tamaño de mi esperanza* (1926), Borges se propuso una reforma del español que reconociese en Francisco de Quevedo a su adalid y precursor, dándoles a los adjetivos el oficio de calificar.

Aunque luego Borges canceló esas aficiones reformadoras del español que le hubieran dado al idioma, según él, las libertades que se toma el alemán, hay usos suyos que quedaron para siempre, algunos muy presentes en "El inmortal", como la frecuencia en que aparece el verbo fatigar como sinónimo de recorrer y agotar, cuya utilización permite fechar un texto antes o después de los años cuarenta, cuando su lectura empezó a difundirse en español, en francés, en inglés. Y se necesita ser muy ingenuo para escribir que uno "fatiga" su biblioteca —para recordar uno de los típicos usos borgesianos— y pasar inadvertido. Decía el fabulista Augusto Monterroso que imitar a Borges es demasiado fácil y que por ello, dado que seríamos descubiertos sin mayor problema, ningún aspirante a escritor querrá intentarlo.

Dejemos recorriendo a Marco Flaminio Rufo los subterráneos, cámara tras cámara, puerta tras puerta, de la Ciudad de los Inmortales, sin preocuparnos de si pasa o no pasa las nueve puertas y sus bifurcaciones, para hacer otra digresión. He dicho que en aquella época empezó a convivir Borges con Lovecraft en mis lecturas, dúo que se convierte en trío si agregamos a Edgar Allan Poe en las traducciones de Cortázar. También, lo confieso, leía yo *Duda,* una revista mexicana de divulgación esotérica, extrañamente autorizada por mi familia, donde se predicaba un monoteísmo de la letra impresa que tenía por ociosa y dañina la lectura de cómics.

Ante Borges empezaban a imperar, según recuerdo, dos categorías de lectura. Por un lado, era el dueño del horror sagrado, de la máxima delectación artística. Pero, a la vez, libros suyos como *El Aleph*, *Ficciones* e *Historia universal de la infamia,* presidían y dominaban ese otro universo de lecturas, juvenil, charlatán y pseudoerudito, que se le asemejaba superficialmente y se componía de vestigios de civilizaciones extraterrestres en la tierra, de historias de detectives (que Borges le dedicara un poema a Sherlock Holmes me parecía rarísimo), misterios de la Gran Pirámide y fenómenos paranormales o vidas de teósofos, magos y herejes. Ese par de categorías, sin duda, se me confundían a los trece años pero me disculpo de ciertas vanas pretensiones de ese entonces, citando, otra vez, a Borges: "Cuando uno es niño se tiene la sensación de que sabe muchas cosas".

Años después, tras haber leído *El factor Borges*, de Pauls, o ensayos sobre otros escritores argentinos, como Roberto Arlt, ya no resulta descabellado encontrar a Borges en esa compañía impura. Filtrada a través de la Enciclopedia Británica y gracias al cine, que Borges, contemporáneo casi de la invención de los hermanos Lumiére amaba, constatamos que ese mundo de la sorpresa divulgatoria, esa materia común que hace una sola cosa del conocimiento tenido por prohibido y de aquel que debe predicarse, también es el mundo de Borges. Dice Pauls que la enciclopedia es para Borges un concepto de funcionamiento, "el modelo por excelencia del libro borgesiano: un *libro-biblioteca*, es decir: un libro que reproduce a escala, en un formato relativamente portátil, la lógica que gobierna el funcionamiento de una biblioteca".

Los conocedores de H. G. Wells, el otrora leidísimo escritor de viajes en el espacio y en el tiempo, podían llegar lejos en el camino de la alta literatura, como Borges, o quedarse a merced, felices, de la cultura esotérica, popularizada a través de las revistas de circulación masiva y el cine de aventuras. La naturaleza de Borges no parecía excluir esas dos culturas: el argentino sumaba y no restaba, atraía lecturas y prestigios, digamos que profanos, hacia la alta literatura.

Al contrario de los escritores tenidos por "muy serios" —digamos, para mencionar a tres que leí después, Thomas Mann, Robert Musil o Paul Valéry— Borges incluía, no excluía. Su frecuentación ampliaba, hacia lo alto, las apetencias de un joven lector: invitaba a conocer, aunque fuera superficialmente, a algunos filósofos, como Schopenhauer, Leibniz o Kant, a leer escritores entonces olvidados como G. K. Chesterton, o degradados por ser sólo "literatura juvenil" como Sir Arthur Conan Doyle, Rudyard Kipling o Robert Louis Stevenson. Y al mismo tiempo Borges autorizaba, maestro generoso, lecturas que en otras condiciones resultarían banales, transitorias o despreciables. Borges —y así lo he ratificado leyendo el concluyente ensayo de Pauls— era un verdadero enciclopedista, es decir, un lector de enciclopedias que no le hacía el feo a las páginas de divulgación, a su lectura y a su escritura, aunque en el caso borgesiano ese afán divulgatorio haya sido irónico en sus cuentos y nada eufemístico en el caso de aquellas famosas reseñas escritas a fines de los años treinta para un revista popular, *El Hogar,* y que son el modelo inalcanzable de la reseña literaria.

A su amparo se podía disfrutar de la Enciclopedia Británica (no era mi caso), de la Enciclopedia Espasa-Calpe, de la UTEHA (la que había en la biblioteca de mi familia) o coleccionar diccionarios de lo oculto (y de muchos otros temas, históricos o biológicos) formados por la gracia de ir al puesto de periódicos cada semana tras los correspondientes fascículos. No me extraña, hoy día, encontrarme con que en la Wikipedia presentan a Borges como el precursor de esa enciclopedia virtual que es hechura constante de todos sus lectores. Exageran lo que hay de "activo" en el lector postulado por Borges: la intervención del lector en un cuento como "El inmortal" es ilusoria, es una convención. En sentido estricto, nadie puede modificar un texto de Borges. Pero en algo tienen razón quienes celebran al Borges futurista: fue un escritor con fama de anacrónico que miraba de reojo a la literatura del siglo XX y a su exigente vanguardia; era un habitante del futuro.

No es que fuera fácil, a ratos, seguir "El inmortal": las tramas en Borges a veces sólo son sencillas engañosamente, como en Joseph Conrad, a quien admiraba tanto, y requieren de relectura. Me ha ocurrido estos días en que lo he releído de manera compulsiva: no pocos cuentos, así releídos, son del todo distintos a lo que yo creía que eran; a veces más simples, otras no. A veces hay palabras que me eran desconocidas, como "astrógalos". Pero como yo me eduqué bajo la consigna de que sólo hay dos cosas gratuitas en la vida, soñar y consultar el diccionario, lo consultaba entonces y lo hago ahora.

Marco Flaminio Rufo se refugia en una caverna y en ésta hay un pozo y en éste una escalera y al fondo hay un laberinto y luego otro. Al fin asciende a la "resplandeciente" y antiquísima Ciudad de los Inmortales, a su palacio principal. Vagabundea Marco Flaminio Rufo por fatigosas escaleras, cuyos peldaños son de diferentes tamaños y concluyentes.

Este palacio es fábrica de los dioses, piensa al principio el héroe de Borges e inmediatamente se corrige: *Los dioses que lo edificaron han muerto.* Noté sus peculiaridades y dije: *Los dioses que lo edificaron estaban locos.* Lo dije, bien lo sé, con una incomprensible reprobación que era casi un remordimiento, con más horror intelectual que miedo sensible.

Obra de los dioses, los dioses han muerto, la locura de los dioses... tres ideas fascinantes para un lector que se inicia ávido de interrogaciones como lo está con frecuencia el adolescente. De una manera distinta —más imaginativa, menos gritona, convenientemente escéptica— a la de Nietzsche —en el cual siempre acabó uno por abismarse—, nos lleva Borges del "horror sagrado" al "horror intelectual", del estremecimiento estético a la duda ante las obras de la razón. Tan perturbador como el dogma cristiano de la Trinidad es el Palacio de los Inmortales. Pensando como piensa Borges, tanto uno como otro le parecían una locura del intelecto a este hijo de un profesor anarquista.

Al comienzo del capítulo III, Marco Flaminio Rufo, tras lamentarse que la creación entera, su pasado y su porvenir, quede comprometida, se dirige al troglodita, ese ser que lo había seguido, inadvertidamente para el lector, en algunos de los trechos de su viaje. (Borges oculta a su troglodita y luego le echa la culpa al lector de no fijarse en él.)

Saliendo del último sótano, en la boca de la caverna, Marco Flaminio Rufo lo encuentra "tirado en la arena, donde trazaba torpemente y borraba una hilera de signos, que eran como las letras de los sueños, que uno está a punto de entender y luego se juntan. Al principio creí que se trataba de una escritura bárbara; después vi que es absurdo imaginar que los hombres que no llegaron a la palabra lleguen a la escritura".

Inquieto por la probable relevancia de los signos que el troglodita traza, Marco Flaminio Rufo decide entrar en comunicación con él y le enseña algunas palabras, en una escena que recuerda a otra, muy famosa, donde Robinson Crusoe instruye al nativo que captura y a quien nombra Viernes, como el legionario romano llama Argos al troglodita. El nombre elegido, hace Borges que nos diga el narrador, es el del perro moribundo de Ulises, lo cual nos lleva al verdadero protagonista de "El inmortal", no otro que Homero, tenido por el autor de la *Ilíada* y la *Odisea*, que Marco Flaminio Rufo había leído y yo, joven lector de sus imaginarias aventuras muchos siglos después, no.

Marco Flaminio Rufo fracasa en la educación de Argos y lo encuentra en otro mundo, trayendo a cuenta la pluralidad de los mundos, una de las obsesiones filosóficas de Borges: "A unos pasos de mí, era como si estuviera muy lejos. Echado en la arena, como una pequeña y ruinosa esfinge de lava...". El horror sagrado y el horror intelectual, sumados, me habrán llevado, quiero suponer, a entender que la belleza de la prosa, su eficacia, formaban parte de algo más vasto, un universo poético.

El desenlace llega:

> Entonces, con mansa admiración, como si descubriera una cosa perdida y olvidada hace tiempo, Argos balbuceó estas palabras: *Argos, perro de Ulises*. Y después, también sin mirarme: *Este perro tirado en el estiércol.*
>
> Fácilmente aceptamos la realidad, acaso porque intuimos que nada es real. Le pregunté qué sabía de la *Odisea*. La práctica del griego le era penosa; tuve que repetir la pregunta.
>
> *Muy poco*, dijo. *Menos que el rapsoda más pobre. Ya habrán pasado mil cien años que la inventé.*

El troglodita es Homero. En el capítulo IV todo le es dilucidado a Marco Flaminio Rufo: que los trogloditas —le dice el griego— son los Inmortales, que su ciudad había sido asolada y en su lugar erigieron una ciudad que es parodia y reverso y "también templo de los dioses irracionales que manejan el mundo y de los que nada sabemos, salvo que no se parecen al hombre". Le cuenta su historia, la del viejo Ulises que acabó por hartarse de la Ciudad de los Inmortales que habitó durante un siglo. "Fue como un dios que creara el cosmos y luego el caos". Finalmente, formando parte del pueblo de los trogloditas, Homero se entregó a la quietud y a la especulación.

El capítulo, uno diría que el cuento entero, termina con un comentario filosófico de Borges donde argumenta sus certezas: la inmortalidad es baladí y lo divino, lo terrible, es saberse inmortal; las religiones monoteístas que profesan la inmortalidad confían sobre todo en el tiempo de su fundación en el primer siglo de su historia. Menos dudosas, agrega, son las religiones del Indostán y su rueda sin fin ni principio en que cada vida es efecto de la anterior. En fin: hay algunos libros sobre lo que Borges sabía y no sabía de filosofía y en ese caso recomiendo *La filosofía de Borges* (1985), de Juan Nuño. Recordaría yo la impresión de haber recibido una revelación completa al finalizar el capítulo IV de "El inmortal", en el cual Borges me llevó, insisto, a esa clase de especulación filosófica tan atractiva para los adolescentes: quién soy, quién seré, cómo he de trascender. Lo hace al margen del tratado, sin perorar ni catequizar, sin olvidar que está contando un cuento dentro de otro cuento, sin pretensiones didácticas, con la fantasía lograda de poeta.

"El inmortal", una vez que creemos terminada su lectura, no sólo es la explicación sobre la inmortalidad que Homero le ofrece al legionario Marco Flaminio Rufo. Es un cuento de misterio, una lección de historia antigua que invita a leer a Herodoto, el dibujo de una ciudad diseñada con una geometría no euclidiana, una invitación heterodoxa a leer a Homero, un relato de aventuras filosóficas y, ¿por qué no?, una lección ética: curiosidad, tolerancia y libertad, decía Gutiérrez Girardot, son los valores que Borges cultiva en su lector.

El truco de Borges, revelado en algunas ocasiones por él mismo y deducido por sus lectores más insistentes, habrá surtido efecto en aquel lector suyo que fui, como en muchos otros afortunados a lo largo del tiempo: hacer creer al lector que es tan inteligente como Borges mismo. Borges eleva la autoestima del lector como pocos escritores y esa operación es particularmente eficaz cuando el lector es joven y le urge ser iniciado. Es un escritor que torna vanidosos a sus lectores y es bueno que así sea. Es extraño —ya hablaremos de ello— que se haya acusado de ser cerebral y frío, abstracto y distante. Yo encuentro sensualidad refinadísima en la manera en que fui iniciado por su lectura.

La inmortalidad de Homero, narrada por Borges a través de un cuento, se parece poco a la inmortalidad de las estatuas veneradas escolarmente. Homero es inmortal no sólo porque la *Ilíada* y la *Odisea* están sujetas a lecturas inagotables, casi infinitas, como la de Borges, sino porque, condenado a no morir, el poeta va cambiando su conocimiento del mundo. Borges mismo es una de las pruebas de la inmortalidad de Homero (o los muchos griegos que fueron Homero, como le gustaba precisar a Borges). Muchos años después, impartiendo unas conferencias en la universidad de Harvard, reunidas de manera póstuma en *Arte poética* (2000), Borges explica cómo y por qué escribió "El inmortal" y más vale que le demos la palabra a él:

> La idea que subyace al relato —y la idea podría sorprender a cualquiera de ustedes que lo haya leído— es que, si un hombre fuera inmortal, con el correr de los años (y, evidentemente, el correr *duraría* muchos años), lo habría dicho todo, hecho todo, escrito todo. Tomé por ejemplo a Homero; me lo imaginaba (si realmente existió) en el trabajo de escribir la *Ilíada.* Luego Homero seguiría viviendo y cambiaría conforme cambiarán las generaciones. Con el tiempo, evidentemente, olvidaría el griego, y un día olvidaría que había sido Homero.

Y dado que dice la leyenda que Homero fue también, como Borges, un poeta ciego —y ya veremos lo que significa esa imagen y cuál es su historia— esa ceguera le daba, incluso antes de leerlo, un prestigio preñado de rareza: me imaginaba yo, con ingenuidad, que de ser segura la existencia histórica de Homero, y la de Shakespeare, habrían sido clásicos ambulantes y oraculares como Borges, y él mismo el inmortal que se paseaba por el mundo cuando yo era niño y adolescente.

"El inmortal" no se acaba cuando Homero y Marco Flaminio Rufo se separan sin despedirse a las puertas de Tánger. El capítulo V y último nos recuerda que Homero, dado que es inmortal, no puede sino recorrer la historia, como Orlando, la criatura hermafrodita de aquella novela de Virginia Woolf que Borges tradujo. Homero mismo toma la primera persona y tras aparecerse en algunos de los acontecimientos históricos que a Borges le importan y que no son fechas muy señaladas en los libros de historia, el héroe griego encuentra la manera, ya la confirmará el lector, de ser mortal y parecerse al resto de los hombres, descanso que el cuentista le regala como premio a sus muchos siglos de errancia.

"He revisado, al cabo de un año, estas páginas. Me consta que se ajustan a la verdad pero...", nos dice Homero y habla de la confusión que en el relato se da entre los tiempos y las voces, las de un hombre de letras y las de un hombre de guerra, pues Homero y Marco Flaminio Rufo son el mismo hombre y a la vez, Nadie, como Ulises: "en breve, seré todos: estaré muerto".

El autor se desdobla en su lector y el capítulo V y su "Posdata de 1950" agregan algo característico de Borges a un cuento que, si hubiera finalizado cuando Homero y Marco Flaminio Rufo se despiden, habría sido quizá perfecto pero no de Borges. En esos agregados finales Borges ofrece no sólo el texto, sino su crítica, la meditación sobre la autoría, las posibilidades de que Homero sea uno y sea múltiple y que su obra se confunda con la de sus lectores: "No es extraño que el tiempo haya confundido [las voces] que alguna vez me representaron".

La literatura, concluye Borges, se hace de literatura. Se niega a cerrar su texto y habla de interpolaciones sufridas por el texto de Joseph Cartaphilus que cayó en las manos de la princesa de Lucinge. Las últimas páginas de "El inmortal" me convencieron, en el año de 1975, que la lectura lleva a la escritura, a la crítica, a la lectura comentada, libre y libresca de otros libros. Hay otras literaturas, otras lenguas, novelas y cuentos que registran mundos estéticos o pulsiones eróticas ajenas, desde luego, al horizonte de Borges. Pero mi experiencia primordial de lector quizá quede contenida en esas veinticuatro páginas de "El inmortal" que he comentado, el primer cuento de Borges que leí en el primero de los libros suyos que me fue dado abrir.

Homero y Marco Flaminio se separaron, sin despedirse, a las puertas de Tánger. Yo nunca me he separado de ellos.

2. Los libros

Es sorprendente leer, en la *Historia de la literatura hispanoamericana* (1961), de Enrique Anderson Imbert, libro que todavía se reimprime, que Borges, según el profesor argentino, "consciente de su originalidad, renunció a ser popular, hizo una literatura que ignora al lector común". El juicio de Anderson Imbert resultó, como ya preverá el propio lector, falso, y por varios motivos. Si Borges, para empezar, hubiera renunciado "a ser popular" escribiendo los cuentos y los ensayos que escribía, el tiro le habría salido por la culata. A partir de 1960, cuando le dieron el Premio Internacional de Literatura Formentor, que compartió con el dramaturgo irlandés Samuel Beckett, sus libros inundaron el mundo, demandados por ese "lector común" al que cortejaron otros autores actualmente desprovistos del carisma póstumo de Borges. Pienso en Anatole France o Ernest Hemingway, por ejemplo, clásicos expulsados del canon como hay santos bajados del altar.

Y si por "lector común" entendemos al que Virginia Woolf definía como tal y que Anderson Imbert probablemente no despreciaba, es decir, a la mujer o al hombre jóvenes, que sin ser necesariamente escritores, profesores o críticos, leen por placer y con perplejidad, tendremos que durante la segunda mitad del siglo XX esos lectores le dieron a Borges una fama y fortuna que él mismo nunca habría sospechado.

La obra de Borges se convirtió para el lector común en un equivalente de esa *Enciclopedia Británica* que Georgie, como le llamaron sus familiares y amigos durante toda su vida, no se cansaba de "fatigar" en la biblioteca de su padre. Es una enciclopedia, la de Borges, en la que caben muchas de las maravillas de la literatura antigua y moderna. Ernesto Sábato (escritor contemporáneo suyo con el que no se llevó nunca muy bien) hizo una enumeración caótica —una manera de expresar la variedad del cosmos que el propio Borges practicaba— de lo que podía encontrarse en su obra: "manuscritos de heresiarcas, naipes de truco, Quevedo y Stevenson, letras de tango, demostraciones matemáticas, Lewis Carroll, aporías eleáticas, Franz Kafka, laberintos cretenses, arrabales porteños, Stuart Mill, de Quincey y guapos de chambergo requintado".

"La mezcla", continúa Sabato, "es aparente: son siempre las mismas ocupaciones metafísicas, con diferente ropaje: un partido de truco puede ser la inmortalidad, una biblioteca puede ser el eterno retorno, un compadrito de Fray Bentos justifica a Hume. A Borges le gusta confundir al lector: uno cree estar leyendo un relato policial y de pronto se encuentra con Dios o el falso Basílides".

¿Cómo abordar la obra de Borges sin confundirse? Hay que seguir el orden, un tanto desordenado, que él le dio a su propia obra, ir de libro en libro, usando sólo como material de consulta las diferentes ediciones de sus obras completas, que él mismo recopiló sin preocuparse porque fueran realmente completas y que sus herederos no han terminado de recoger y no han organizado de manera convincente. Tampoco conviene leer separada, en la medida de lo posible, su poesía de su prosa, pues algunos de sus libros (como *El hacedor, Historia de la noche, Los conjurados*) son misceláneas perfectas de cuentos y poemas mientras que la clasificación comercial anglosajona de ficción y no-ficción es la primera que se torna inútil frente a Borges, autor de falsas reseñas y relatos que parecen ensayos. Y de cuentos que él prefería llamar ficciones.

La cronología se debe seguir sólo relativamente: Borges mismo descreía de la historia de la literatura. A grandes rasgos podemos clasificar su obra en las siguientes regiones:

1. La poesía de juventud. Aparece corregida por el propio Borges lo mismo en sus *Obras completas* que en su *Obra poética* en tres tomos: *Fervor de Buenos Aires* (1923), *Luna de enfrente* (1925) y *Cuaderno San Martín* (1929).

2. Los ensayos de juventud. Borges prohibió la reedición de los tres primeros durante su vida: *Inquisiciones* (1925), *El tamaño de mi esperanza* (1926) y *El idioma de los argentinos* (1929). *Evaristo Carriego* (1930), biografía fragmentaria de un poeta popular, fue la primera obra en prosa de la que no se arrepintió.

3. Los ensayos, relatos y poemas de madurez: *Historia universal de la infamia* (1935), *Historia de la eternidad* (1936), *Ficciones* (1944), *El Aleph* (1949), *Otras inquisiciones* (1952) y *El hacedor* (1960), *Para las seis cuerdas* (1965), *Elogio de la sombra*

(1969), *El otro, el mismo* (1969), *El oro de los tigres* (1972), *La rosa profunda* (1975) y *La moneda de hierro* (1976).

4. Los relatos, poemas y ensayos de los últimos años: *El informe de Brodie* (1970), El *libro de arena* (1975), *Prólogo con un prólogo de prólogos* (1975), *Historia de la noche* (1977), *Siete noches* (1977), *La cifra* (1981), *Nueve ensayos dantescos* (1982), *La memoria de Shakespeare* (1983), *Veinticinco de agosto 1983 y otros cuentos* (1983) y *Los conjurados* (1985).

5. Obra crítica recuperada. Es una parte importantísima del conjunto, que empezó a publicarse con *Textos cautivos: Ensayos y reseñas en El Hogar, 1936-1939*, siguió con *Borges en Sur, 1931-1980* (1997) y con tres tomos de *Textos recobrados* (aparecidos en 1997, 2001 y 2003). Estos tomos, además de incluir toda clase de materiales inéditos o poco conocidos, lo mismo que correspondencia de juventud, iluminan a Borges como reseñista y editor literario.

6. Los prólogos escritos por Borges para las bibliotecas de autor que se hicieron en su honor: *Prólogos con un prólogo de prólogos* (1975), *Biblioteca personal* (1988) y *Prólogos de la Biblioteca de Babel* (2001).

7. La obra de Borges en colaboración es amplia y está reunida en un solo tomo (no del todo completo): *Obras completas en colaboración* (1991). De este gran cuerpo se agruparían aparte los cuentos, las crónicas y una novela (*Un modelo para la muerte*, 1946) que Borges escribió con Adolfo Bioy Casares, usando los pseudónimos comunes de H. Bustos Domecq y B. Suárez Lynch: *Seis problemas para don Isidro Parodi* (1942), *Dos fantasías memorables* (1946), *Los orilleros. El paraíso de los creyentes* (dos obras de teatro, 1955), *Crónicas de Bustos Domecq* (1967) y *Nuevos cuentos de Bustos Domecq* (1977).

8. En colaboración con sus amigas, pues para Borges las mujeres fueron esenciales en su vida de escritor, escribió varios títulos, que atañen generalmente a temas de divulgación en los cuales se encuentran ideas literarias y opiniones decisivas del escritor: *Antiguas literaturas germánicas* (con Delia Ingenieros, 1951), *El*

Martín Fierro (1953) y *Manual de zoología fantástica* (con Margarita Guerrero y a partir de la edición de 1967 titulado *El libro de los seres imaginarios*), *Leopoldo Lugones* (con Betina Edelberg, 1953), *La hermana de Eloísa* (con Luisa Mercedes Levinson, 1955), *Introducción a la literatura inglesa* y *Literaturas germánicas medievales* (con María Esther Vázquez, 1965 y 1966), *Introducción a la literatura norteamericana* (con Esther Zemborain de Torres, 1967), *Qué es el budismo* (con Alicia Jurado, 1976), *Breve antología anglosajona* y *Atlas* (con María Kodama, 1976 y 1984).

9. Además de "Two English Poems" publicados en *El otro, el mismo*, de una importancia emblemática, Borges escribió en inglés una única *Autobiografía* (1970, traducida al español en 1999) y dictó sus conferencias en Harvard (traducidas como *Arte Poética*, 2000), ambas de gran importancia.

10. Hay finalmente algo que podría llamarse el "universo expandido" de Borges que va desde su propio *Borges oral* (1979) hasta sus abundantes conversaciones recogidas por interlocutores suyos como Antonio Carrizo (*Borges el memorioso*, 1981), Fernando Mateo (*El otro Borges: entrevistas 1960-1986)*, Victoria Ocampo (*Diálogos con Borges*, 1969), Fernando Sorrentino (*Siete conversaciones con Borges*, 1973), María Esther Vázquez, (*Borges: imágenes, memorias, diálogos*, 1977 y *Borges: sus días y su tiempo,* 1984) y Oswaldo Ferrari (*En diálogo, I y II*, 2005), para hablar solamente de lo publicado originalmente en español. Al universo expandido pertenecen, además, los poemas y cuentos de atribución dudosa y las parodias que circulan por la red.

11. El monumental *Borges* (2006), de Bioy Casares, también puede ser considerado obra de Borges, en la medida en que registra, transcritas por su amigo, medio siglo de conversaciones sobre todo lo humano y lo divino, es decir, sobre lo literario. En este libro indispensable y polémico (polémico porque no queda explícito cómo lo recopiló Bioy Casares y qué grado de colaboración le ofreció Borges), quien habla, esencialmente, es Borges, y lo hace en toda libertad, desde la privanza y la intimidad. Quien tenga una imagen piadosa de Borges quizá deba de abstenerse de leer este voluminoso diario.

Hablemos del joven Borges y sus poemas, sin olvidar que en sus primeros años fue lo que se esperaba que fuera, al menos en su apariencia, un joven escritor en las primeras décadas del siglo pasado: vanguardista, provocador, gregario, ávido de construirse una identidad ejerciendo la distancia activa con la tradición, organizando cenáculos ardientes y revistas efímeras, observador entusiasta de los experimentos sociales. En una "Invocación a James Joyce", poema aparecido en *Elogio de la sombra* (1969), recordará aquellos tiempos: "Fuimos el imaginismo, el cubismo, / los conventículos y sectas / que las crédulas universidades veneran". "Ceniza", concluye Borges, "la labor de nuestras manos / y un fuego ardiente nuestra fe".

Como la figura principal del ultraísmo hispanoamericano —jefatura que le fue reconocida de inmediato—, Borges creyó, durante esos pocos años o meses que en la juventud son decisivos, que la poesía debía concentrarse en lo esencial, la metáfora. Como ultraísta Borges tuvo, además, la suerte de ser discípulo de Rafael Cansinos-Asséns, un escritor español orgullosísimo de su origen judío, traductor de *Las mil y una noches* y de las obras completas de Goethe, de Balzac y de Dickens. También en el movimiento ultraísta conoció al español Guillermo de Torre, historiador de la vanguardia y esposo, desde 1928, de la pintora Norah Borges, hermana menor de Jorge Luis. Y por uno de sus juegos de espejos propios de la vida literaria, de la tertulia rival a la de Cansinos-Asséns, Borges recibió la influencia del genial Ramón Gómez de la Serna, que sería de los primeros en reconocer su talento, escribir sobre él. El extrovertido Ramón —así nada más se le conocía en ambas orillas del Atlántico— le enseñó al tímido Borges las maneras que aprovecharía casi medio siglo después, del gran escritor internacional, a la vez nuevo y tradicional. La lección de Cansinos-Asséns sería más profunda y quizá más perdurable: a Borges, que en su día fue nacionalista, le enseñó el orgullo de ser extranjero en su tierra. Al olvidado Cansinos-Asséns, Borges lo alcanzó a visitar, en Madrid, en 1963. A Gómez de la Serna, muerto ese mismo año en Buenos Aires, Borges le alcanzó a dar una última entrevista.

Una vez que volvió definitivamente a la Argentina en 1923, Borges publicó, uno tras otro, sus tres primeros libros de poemas: *Fervor de Buenos Aires, Luna de enfrente* y *Cuaderno San Martín,* el resultado del amor loco que le despertó Buenos Aires, su ciudad natal que conocía poco. Fue Néstor Ibarra, su primer traductor al francés y tenido, también, por haber sido su primer discípulo, quien dijo que Borges dejó de ser ultraísta tan pronto escribió su primer poema ultraísta. Más allá de las imágenes y los tropos de la vanguardia, aquellos primeros poemas no sólo son con frecuencia excelentes sino que son una lectura cuya hondura sentimental —y no pocas veces hasta ingenua— sorprenderá a quien espera toparse con el escritor frío y cerebral pintado por quienes, con mala fe o un conocimiento precario de su obra, lo caricaturizaron.

Borges sabía mucho de sí mismo —no todos los escritores lo saben y si lo saben no lo dicen con propiedad— y definió así, en su *Autobiografía*, la esencia de *Fervor de Buenos Aires*:

> El libro era esencialmente romántico, aunque fue escrito en un estilo escueto y abundaba en metáforas lacónicas. Celebraba los atardeceres, los sitios solitarios, los rincones desconocidos; se aventuraba hasta la metafísica de Berkeley y hasta la historia familiar; registraba primeros amores.

Paseándose por Buenos Aires, Borges se identifica con Walt Whitman, el gran poeta de los Estados Unidos a quien había descubierto en alguna página de las revistas alemanas de poesía durante los años de Ginebra. Como Whitman, va creando Borges una geografía imaginaria, que a veces coincidirá —en su largo trecho de poeta— con los viejos barrios de su ciudad natal, y otras con el mapa inverosímil de las civilizaciones antiguas. Borges es fantástico cuando quiere ser realista y su realismo es muchas veces fantástico. En el joven poeta fascinado por el atardecer ya aparecen —según veo en mis notas al margen de sus primeros poemas— obsesiones que lo acompañarán hasta su último libro de poemas, *La cifra*, publicado antes de su muerte, como aquello de que lo que le ocurre a un hombre le ocurre a todos. Borges confiesa haberse atormentado con Dostoievski, como tantos jóvenes lectores. Pero nunca creyó culpables —como el novelista ruso— a todos los hombres de algún pecado original.

Como ni en Madrid ni en Buenos Aires les interesaban mayor cosa a los ultraístas "los ferrocarriles, los motores, los aeroplanos o los ventiladores eléctricos", Borges se vio librado de los amaneramientos más toscos de la vanguardia e hizo que naciera, en él, de manera natural, un poeta en el más amplio sentido de la palabra, es decir, no sólo quien escribe verso —medido o libre— sino quien resguarda la totalidad del lenguaje y es, como esperaban los griegos que lo fuera el poeta, el contador de historias. A través de los cuentos y los ensayos, Borges continúo una misión poética nombrando antiguas cosas —una flor que viene de la tierra de los sueños, una espada aparecida en la *Odisea*— con el mismo deslumbramiento con que había descubierto Buenos Aires tras sus años de infancia, adolescencia y juventud en Europa.

Durante varios años de su vida Borges dejó de escribir relatos, pero nunca abandonó la poesía. En 1955, con 56 años, los oftalmólogos le prohibieron leer y escribir dada la gravedad que tomaba su ceguera: Borges aprendió entonces a memorizar sus textos y a dictarlos. Como es más fácil memorizar y dictar un poema rimado, le dio preferencia a las formas tradicionales, como los sonetos y las décimas. Era una cortesía para con su madre, doña Leonor, que fue su amanuense, como para con los amigos y las amigas que lo ayudaban. Pero aun en la vanguardia, Borges fue un poeta de temperamento tradicional, lo cual, dado el amor del siglo XX por sí mismo, por su vanidosa modernidad y sus "inocentes novedades ruidosas", provoca que a veces no se le mencione entre los cuatro o cinco grandes poetas hispanoamericanos donde yo creo que tiene un lugar.

Si Borges fue tolerante con sus poemas de juventud y con el joven poeta que los escribió, reuniéndose con él a través de conmovidos encuentros imaginarios, en cuentos y poemas, fue inclemente con esos tres primeros libros de ensayos —*Inquisiciones* (1925), *El tamaño de mi esperanza* (1926) y *El idioma de los argentinos* (1928)— cuya reedición no autorizó jamás. No fue sino hasta después de su muerte que María Kodama, su viuda, los hizo publicar. Aparecerán, se anuncia, en el tomo pendiente, el quinto, de sus *Obras completas*.

Borges rechazaba esos ensayos, capitales para comprender el sentido de su obra de madurez, por razones ante las cuales no sé si el lector pueda ser benevolente. A los veinticinco años padecía, según confesó después, del mal de "querer ser argentino" y, en consecuencia, atiborró ese par de libros de localismos, ansioso también de ser una suerte de escritor barroco, como sus admirados Thomas Browne, el inglés, y Diego de Torres de Villarroel, el español. Aunque la estructura de la frase ensayística es ya la suya, aparece todavía hinchada y a veces hasta descompuesta, como si fermentara. Fue el ensayista Alfonso Reyes, entonces embajador de México en la Argentina, quien le aconsejó a Borges —consejo por el cual le manifestaba pública gratitud— cómo podar esa vegetación. Pero ese argentinismo barroco sólo era el síntoma de un mal mayor que, llamado criollismo o regionalismo, era la variante que a Borges le tocó padecer del nacionalismo que se generalizó en el mundo durante los años treinta, enfermedad que le avergonzaba haber sufrido.

En "El escritor argentino y la tradición", conferencia incluida en *Discusión*, Borges ajustó cuentas con el asunto, con un ingenio firme que a otro espíritu menos severo le hubiera bastado para perdonarse, a sí mismo, sus errores de juventud. Conviene recordar a Borges —y así lo presenta Sergio Pastormelo en *Borges crítico* (2007)— como el más peleonero de los escritores argentinos, un polemista consuetudinario que se aviene poco a la imagen, difundida durante sus gloriosos años finales de peregrinaje, del sabio y ocurrente gurú.

Dijo en aquella conferencia que la hipótesis en la que se basaba el nacionalismo literario argentino tenía un origen falso, creer que la literatura gauchesca y, sobre todo, el *Martín Fierro* (1872), de José Hernández, su libro capital, contaban la epopeya del pueblo argentino. Los voceros de esta tesis eran el venerado poeta Leopoldo Lugones, con cuya obra Borges sostuvo una relación muy ambigua, y Ricardo Rojas, el aparatoso historiador de la literatura argentina.

No, decía Borges, la literatura gauchesca es obra de refinados intelectuales nacionalistas; los héroes de la pampa retratados por Hernández o por Ricardo Güiraldes en *Don Segundo Sombra* (1926), hablan a través de literatos que, como lo había hecho el propio Borges, se nutren de diccionarios de argentinismos. Los poetas populares, agrega, nunca son deliberadamente populares. No en balde dice Pauls, interpretando a Borges, que los nacionalistas son los verdaderos turistas que recorren sus patrias en busca de lo exótico y de lo pintoresco. En la Argentina de aquella época se batían los nacionalistas contra los cosmopolitas, como en México, donde el crítico Jorge Cuesta libró una batalla similar. En "El escritor argentino y la tradición", Borges concluía recordando a los escritores irlandeses a quienes les basta sentirse irlandeses para diferenciarse de los ingleses: "Creo que los argentinos, como los sudamericanos en general, estamos en una situación análoga; podemos manejar todos los temas europeos, manejarlos sin supersticiones, con una irreverencia que puede tener, y ya tiene, consecuencias afortunadas".

El nacionalismo se le pasó a Borges y se convirtió en una de las doctrinas que abominaba. Y a la distancia, en aquellos libros condenados, se pueden encontrar ensayos esenciales sobre Norah Lange (escritora argentina de origen noruego que fue uno de sus grandes amores), sobre el filósofo Berkeley y sobre su maestro Cansinos-Asséns. Tiene mucha importancia, a su vez, el orgullo por sus ancestros, explícito en *El tamaño de mi esperanza* y cultivado en él por su madre. Estela Canto, en *Borges a contraluz* (1993), se burla un poco de doña Leonor, orgullosa del linaje familiar que incluía a personajes históricos de segundo orden, situación que dado el reducido número de viejos criollos que poblaron el Río de la Plata, era bastante común. Importa y mucho que Borges escribió en honor de su linaje algunos de sus poemas más bellos, no exentos de polémica, dada la admiración que sentía por la parada y el porte militares, afición que el siglo XX y sus guerras han tornado de dudoso gusto. El mismo Borges, en sus últimos años confrontado a la devastación dejada por la dictadura impuesta en la Argentina entre 1976 y 1983, diluyó un tanto ese orgullo y vindicó el pacífico anarquismo conservador de don Jorge Borges, su padre.

Es cosa de leer, en ese tono épico y legendario, poemas de los que Borges se sentía particularmente orgulloso, como "Rosas" (en *Fervor de Buenos Aires*), "El general Quiroga va en coche al muere" (en *Luna de enfrente*), "Isidoro Acevedo" (en *Cuaderno San Martín*), como antecedentes del muy famoso "Poema conjetural" (en *El otro, el mismo*), que expresa lo que el doctor Francisco Laprida, asesinado el 22 de septiembre de 1829, piensa antes de morir. Ése era el museo familiar de Borges, como dice Rodríguez Monegal.

Evaristo Carriego (1929) fue siempre reconocido como un "hijo legítimo" por Borges. Carriego, un poeta popular vecino de la familia Borges y amigo de su padre, le ofrecía a Borges un motivo insólito para ensayar en la confluencia entre temas diversos, que según Pauls, son la biografía fallida, el ejercicio de historia o de antropología urbana, "manualcito de crítica literaria", ficción que vacila, colección de cuadros de costumbres. Yo destacaría de *Evaristo Carriego*, la biografía imaginaria más que fallida, y el culto, tan borgesiano, por el poeta menor, por el escritor cuyo fracaso sólo anuncia el nuestro, el mal poeta que solamente se le adelanta al genio en llegar primero al olvido. De ese culto destacan poemas de Borges como "A un poeta menor de la antología" (en *El otro, el mismo*), "A un poeta menor de 1899" (del libro anterior, también). Borges "se inventa" a Carriego como después se inventará a Kafka, el escritor más influyente del siglo XX y esa igualdad con la que trata a uno y otro será muy convincente. Tomando una idea crítica del poeta T. S. Eliot, dirá Borges, en "Kafka y sus precursores": "cada escritor crea a sus precursores. Su labor modifica nuestra concepción del pasado como ha de modificar el futuro"(*Otras inquisiciones*, 1952).

En *Discusión* Borges remata el tema del nacionalismo y de la literatura guachesca, argumenta su admiración poética por Whitman, se interesa por la Cábala y en ensayo muy leído, "La postulación de la realidad", toma posición ante la querella de los clásicos y de los románticos, entre la narración de lo nuevo y la invención circunstancial, querella entre la literatura explicada como fijeza y la literatura vivida como fiebre, batalla del orden contra la alucinación. El romántico quiere expresarse; los clásicos quieren que las imágenes sean del bien público. En Edgar Allan Poe —tras una búsqueda de varios años— habría de encontrar Borges a esa figura paradójica que superaba el conflicto atávico entre clásicos y románticos, al transferir —como indica Pastormelo— los privilegios del autor al lector, disociando, a su vez, a la poesía del sentimiento poético. Contradictorio, Poe no fue exactamente un teórico de la literatura —como tampoco lo fue Borges— sino un escritor creyente en valores propios de las religiones del romanticismo (Dios, el más allá, el alma inmortal, la belleza platónica) al mismo tiempo que explicaba (a la vez neoclásico y moderno) que la poesía podía deducirse "solamente", en la práctica, de una serie de procedimientos. En Borges mismo puede observarse esa tensión: no es el mismo, argumenta Pastormelo, el autor escéptico de los años treinta que denuncia las supersticiones del lector y el viejo poeta que le canta a la inspiración y a los dones del amor y del destino.

Con *Discusión* (originalmente publicado en 1932 pero enriquecido con otros ensayos a lo largo de los años) Borges acabó por convertirse, redundantemente, en un escritor discutido, admirado y hasta insultado. El escritor francés Pierre Drieu la Rochelle afirmó, en una conocida declaración, que Borges bien había valido su visita a la Argentina, todo ello en el contexto de una "Discusión sobre Jorge Luis Borges" publicada por la revista *Megáfono*. A esa fama como escritor de culto contribuyó la fundación, en 1931, de la revista *Sur*, de la cual Borges acabó por convertirse, más que Victoria Ocampo (1892-1979), la artífice y dueña de la revista, en el sello de la casa. Con los años, Victoria, escritora con un valor propio y admirable mecenas, se avino a reconocer, primero con reticencia y luego un tanto golosamente, el imprevisto genio de Borges.

En 1936 y por un par de años, Borges dio un paso más allá en la conquista de ese público de los lectores comunes que acabaría siendo el suyo, al empezar a publicar reseñas literarias en *El hogar*, una revista de amplia circulación. Éstas reseñas, dedicadas lo mismo a narradores de ciencia-ficción como Olaf Stapledon y Karel Capek, a escritores policíacos como Ellery Queen, o a Rimbaud, Joyce, Eliot, Chesterton, H. L. Mencken o Huxley, se convirtieron, una vez reeditadas en libro tras la muerte de Borges bajo el título de *Textos cautivos* (1986), en un verdadero archivo de su canon literario. Nunca ha quedado claro si el alto nivel de esas reseñas borgesianas estaba respaldado por la difusión, ahora improbable, de la buena literatura entre el público argentino o si "Borges trataba a los lectores de *El Hogar* como si fueran Borges...", según dice Pastormelo.

Piezas maestras de la brevedad, ensayos engañosamente simples, los aparecidos en *El hogar*, se impusieron, subrepticiamente, en el ánimo de los lectores que una década después convertirían a Borges en el más importante de los escritores argentinos. Sus escasas ventas (él dijo, famosamente, que *Historia universal de la infamia*, al aparecer en 1935, sólo vendió 37 ejemplares) resultaron ser, en retrospectiva, algo así como un depósito a mediano plazo del cual vivirían, para el resto de la posteridad, Borges y su público.

A la *Historia universal de la infamia*, que tanto hará por establecer la ambigüedad borgesiana entre el ensayo y la ficción, seguirá *Historia de la eternidad* (1936), donde aparece, entre otros temas tratados ya en el estilo maduro de Borges, "El acercamiento a Almotásim", una falsa reseña, en toda la regla, que engañó, con su invención de una novela alegórica y policíaca, al propio Adolfo Bioy Casares (1915-1999), quien desde principio de la década se había convertido en el mejor amigo y en el gran cómplice de Borges. Meditaciones sobre el Eterno retorno, de Nietzsche o los prolegómenos de una teoría literaria que omite al original inexistente en nombre de la traducción, como en "Los traductores de las 1001 noches", aparecían, en *Historia de la eternidad*, como el resultado de una extraña batalla ganada, la de quien imponía la lectura de sus cuentos como ensayos y de sus ensayos como cuentos.

Los primeros buenos lectores de Borges —y ello se comprueba leyendo las antologías críticas que dan cuenta de su recepción— destacaron, a veces sin saber bien a qué atribuirla, su originalidad y así lo sostuvieron Cansinos-Asséns, Gómez de la Serna o el crítico Valery

Larbaud, admirador pionero de la literatura de América Latina. Sin embargo no fue sino hasta la publicación de *Ficciones* (aparecido en 1944 como resultado de la unión de dos libros previos: *El jardín de los senderos que se bifurcan* y *Artificios*) y de *El Aleph* (1949) que Borges se convirtió, primero en la Argentina y luego en el resto del mundo, empezando por Francia, en Borges. En su país, dejó de creerse que él y su literatura no fuesen argentinos y se inició un proceso contrario, paradójico: quien se había burlado de su pretensión juvenil de ser argentino sobre todas las cosas, al escapar del nacionalismo, acabó por ser identificado, por la vía negativa, con una suerte de argentinismo absoluto. La literatura mundial vio cómo, desde la periferia, se imponía, como un clásico inesperado, y en un equívoco escritor tenido por el súper-europeo.

Historia universal de la infamia estuvo compuesta, en su origen, de una "serie de bosquejos", al decir del propio Borges, que, con su proverbial falsa modestia, llama a las suyas "tímidas variaciones" de las vidas patibularias de asesinos e impostores. Más que meras parodias tomadas del acervo universal de la nota roja del que provienen, los de este libro son verdaderos cuentos que el autor deseaba ajustar al gran público del suplemento cultural sabatino de *Crítica* en cuya redacción Borges participa activamente.

Borges empezó por ser un extraño tipo de reportero literario que se nutría lo mismo de la inventiva de Stevenson, tenida en exclusividad como lectura para jóvenes, que de los filmes de Joseph von Sternberg (director de *El ángel azul*, entre otros), como confiesa en el prólogo a la primera edición de *Historia universal de la infamia*. Pero también era —es preciso subrayarlo— un narrador "normal", es decir, un realista a quien la experiencia vívida le era esencial. Una breve y especiosa visita a las tierras de un pariente en Uruguay, el escritor comunista Enrique Amorim, permitió que Borges mirara por primera vez gauchos "al natural" y hasta que fuese testigo circunstancial de un asesinato, experiencia de la que extrajo no sólo material para "El hombre de la esquina rosada", uno de sus primeros cuentos, sino para varias más de sus ficciones. Una y otra vez, entrevistado, el viejo Borges dijo que si sus cuentos eran tenidos por "impersonales" ello se debía quizá a su torpeza pero no a una frialdad deliberada.

1938 fue el año de las dos muertes: la de su padre y del poeta Lugones. También la fecha de un accidente doméstico que adquiriría dimensión novelesca. Tras chocar, por distracción, con el quicio de una ventana en el rellano de una escalera, a Borges, la herida, mal atendida, se le infectó, provocándole una septicemia que le condujo al hospital, tras varias noches de delirios afiebrados. Borges temió perder el habla o la capacidad de leer y para probarse a sí mismo que se había recuperado, ensayó escribir algo nuevo: de allí nació *Ficciones*, el libro donde aparecen sus primeros cuentos, por así llamarlos, clásicos. Borges y su madre —como es natural en un recuerdo familiar— dieron versiones distintas de un accidente, que Rodríguez Monegal interpreta como una verdadera palanca de Arquímides, que al mover a Borges, hubo de trastocar el orden de toda la literatura.

Todo resumen de *Ficciones* le recordará al lector la riqueza del detalle, las dosis bien administradas de lo real y de lo ficticio que caracterizan el arte de Borges, lo mismo que el condimento de la falsa erudición y de la fantasía humorística que han hecho la fama de los cuentos más representativos de *Ficciones*, algunos de los cuales aparecieron previamente en revistas literarias. Los más comentados y celebrados son "Pierre Menard, autor del Quijote", "Funes, el memorioso", esa pesadilla minuciosa, "Tlön, Uqbar, Orbis Tertius", la crónica de cómo una sociedad secreta inventa una civilización completa que aparece y desaparece de las enciclopedias, "La biblioteca de Babel", símbolo de la obra de Borges y, metafóricamente, de su vida entera, o "La muerte y la brújula" y "El jardín de los senderos que se bifurcan", muestras de esa lectura metafísica que hizo Borges de la literatura policíaca y que hará decir a Bioy Casares en 1942:

> Es verdad que el pensamiento —que es más inventivo que la realidad, pues ha inventado varias para explicar una sola— tiene antecedentes literarios capaces de preocupar. Pero los antecedentes de estos ejercicios de Borges [...] están en la mejor tradición de la filosofía y en las novelas policiales. Tal vez el género policial no haya producido un libro. Pero ha producido un ideal: un ideal de invención, de rigor, de elegancia (en el sentido que se da a la palabra en las matemáticas) para los argumentos. Destacar la importancia de la construcción: éste es, quizá, el significado del género en la historia de la literatura.

Ficciones nombra el género que impondrá a Borges el autor de una literatura que parecía imponer una nueva manera de leer: al escribir "miniaturas paródicas" que son relecturas del Quijote o de la

Divina Comedia, Borges cumple radicalmente con la primera función atribuida al clásico, la de mantener a los vivos y en discusión a los venerables maestros antiguos, y al convertirse él mismo en un clásico ejemplifica con la movilidad del canon, con las lecturas incesantes. Ello es notorio al leer la reacción, del todo entregada, que los cuentos van provocando tanto en Reyes, el antiguo maestro de Borges, como en Bioy Casares, el discípulo aventajado que asocia para siempre su nombre al de Borges. Dice Reyes en 1943: "Borges es un mago de las ideas. Transforma todos los motivos que toca y los lleva a otro registro mental".

Los años de la Segunda Guerra Mundial son decisivos: muerto su padre, doña Leonor se convierte en algo más que en la madre solícita y dominante, la amanuense y la secretaria. Será, hasta su propia muerte en 1975, la regente del reino de Borges. Y al casarse Bioy Casares con la cuentista y poeta Silvina Ocampo, el nuevo matrimonio se convierte en un hogar alterno para Borges, espacio donde se originan libros como la *Antología de la literatura fantástica* (1940), que elaboraron entre los tres.

A la madurez literaria, que en Borges se traduce en la invención de un estilo de influencia planetaria, la acompaña la madurez pública (y política) pues ante la posibilidad de que la neutral Argentina tuviese abiertamente, hacia 1943, un gobierno pronazi, Borges hace del antifascismo la esencia de su presencia pública. La liberal Ocampo, comprometida con los aliados, había acogido al crítico Roger Caillois, quien hará, durante la guerra y con el patrocinio de *Sur*, la revista *Lettres françaises,* opuesta al régimen colaboracionista de Vichy. En 1951 Caillois manda traducir el primero de los libros de Borges al francés y más tarde será él mismo quien lo traduzca. En Europa y en América Latina, Borges se convierte en un secreto a voces: "Sí escribiera en inglés", dirá entonces Monterroso, uno de sus jóvenes lectores, "lo devoraríamos en malas traducciones".

Borges, un tímido literato, recalca Rodríguez Monegal, acabará por convertirse, tras la toma del poder por Juan Domingo Perón en 1946, en uno de los principales opositores intelectuales al régimen populista. Pese a la superficialidad con que fue juzgado como un indiferente ante la cosa pública o estigmatizado como un habitante de la torre de marfil, Borges está ligado, aunque de manera excéntrica, a esa tradición nacida en el siglo XIX y cuyo momento de mayor exposición ocurrió durante la centuria pasada, en que el intelectual aparece, por virtud, vicio o necesidad, como protagonista político. Humillado célebremente por los peronistas, que lo despiden de su cargo en la Biblioteca Municipal Miguel Cané y lo nombran inspector de gallinas y conejos, Borges publica *El Aleph* entre agravios y desagravios, dueño de una fama pública que presenta al joven argentinista de quince años atrás transformado en un escritor nuevo en varios sentidos de la palabra.

El Aleph es su libro más fantástico y como lo explica en el prólogo, sólo dos cuentos —"Emma Zunz" e "Historia del guerrero y la cautiva"— son la excepción que confirma la regla. En el resto de los cuentos, las querellas humanas se resuelven mediante una decisión divina que absorbe el conflicto y lo torna inocuo: en "Los teólogos" los controversistas son, para el creador, una misma persona y los sucesivos narradores acaban por ser, todos, Homero, mientras que es el minotauro quien narra su propia historia en "La casa de Asterión".

De "El Aleph", el cuento que nombra a la colección entera y quizá el más conocido de Borges, puede decirse que es una parodia literaria que describe "un punto en el espacio donde simultáneamente convergen los puntos del espacio y del tiempo", según resume Rodríguez Monegal. Quien resguarda en el sótano de su casa ese punto milagroso es un mal poeta en funciones de Virgilio, el poeta latino que guía a Dante en su extraordinario viaje y personaje al cual recurre Borges con frecuencia. El cuento entero sería así una reducción paródica de la *Divina Comedia*, en la cual "Borges" es Dante y la heroína, un trasunto de Beatrice Portinari.

El Aleph se complementa con la aparición, en 1952, de *Otras inquisiciones*, quizá su mejor libro de ensayos, donde ofrece sus opiniones sobre Henry James (un autor muy importante para Borges y poco citado por él mismo), su promoción de Quevedo como el poeta de los poetas y esa definición de la "honda trivialidad" de los personajes de Nathaniel Hawthorne que tanto se parecen a personajes borgesianos como Funes el memorioso, Carlos Argentino Daneri o Pierre Menard. Ambos libros cierran el período medio de Borges, su período clásico, según lo define el crítico Pastormelo.

No pertenece Borges, en apariencia sólo hijo de sus lecturas, a esa clase de autores de cuya obra pueda hablarse fácilmente sin mencionar su vida, que en 1955 le trajo tres cambios esenciales, del orden político, personal y literario. El fin del gobierno de Perón, derrocado por la llamada Revolución Libertadora, premió a Borges con la dirección de la Biblioteca Nacional, que antes ya había sido dirigida —coincidencia que no dejó de emocionar al interesado— por dos escritores ciegos: el romántico decimonónico José Mármol y el crítico franco argentino Paul Groussac, tan importante en la formación borgesiana. En segundo término, la gravedad de su ceguera dio fin a su vida autónoma como lector y escritor: en adelante hubo de depender totalmente de los demás para leer y dictar. Finalmente, las traducciones al francés iniciaron la ola ascendente de una fama internacional acompañada de unánime reconocimiento crítico del cual es un testimonio inaugural el número que le dedica la revista francesa *L'Herne* en 1964.

Decía Maurice Blanchot, el gurú de la crítica francesa durante buena parte del siglo pasado: "Sospecho que Borges ha recibido el infinito de la literatura". Afirmará Paul de Man, profesor de Yale: "Los cuentos que forman el grueso de la obra literaria de Borges no son fábulas moralizadoras o parábolas como las de Kafka con las que a menudo falsamente se les compara, mucho menos son intentos de análisis psicológico. La analogía literaria más inadecuada sería compararlos con el cuento filosófico del siglo XVIII: su mundo es la representación, no de una experiencia real, sino de una proposición intelectual". Dirá, deslumbrado, el novelista estadounidense John Updike: "Las innovaciones narrativas de Borges surgen de un claro sentimiento de crisis de la literatura como técnica. A pesar de su modestia y tono de moderación, Borges propone una suerte de revisión esencial de la literatura misma. La absoluta concisión de su estilo y la abrumadora amplitud de su carrera (además de haber escrito poemas, ensayos y cuentos, ha colaborado en novelas policiales, ha traducido de varios idiomas, ha sido redactor y editor, ha enseñado y hasta escrito libretos cinematográficos), producen una impresión extrañamente concluyente: parecer ser el hombre para quien la literatura no tiene futuro. Me entero no sin obsesión que este lector insaciable está ahora virtualmente ciego. [...] Es europeo en todo excepto en la objetividad con que examina la civilización europea, como algo intrínsecamente extraño —un montón de reliquias, un universo de libros sin una clave central".

Un escritor entonces de moda, John Barth, colocó con mucha naturalidad a Borges al frente de la vanguardia teórica de los años sesenta y afirma, leyéndolo, que "nadie puede alegar originalidad en literatura, todos los escritores son más o menos leales amanuenses del espíritu, traductores y anotadores de arquetipos preexistentes".

En su argentinidad, que le parece remotísima, Alfred Kazin, el crítico neoyorkino, lo adoptó como un escritor de los Estados Unidos que debió haber sido contemporáneo de Emerson y Thoreau no sin compadecerse ante un hombre que "literalmente tuvo que construirse su propio mundo". Y George Steiner analizará, ya en 1970, los efectos de la moda de Borges: "Junto con el circo académico han llegado los mimos. Por todas partes se imita el estilo de Borges. Existen mágicos giros de frase que muchos escritores, e incluso muchos estudiantes poseedores de buen oído, pueden imitar: los cambios de tono en los que Borges se desaprueba a sí mismo, las fantásticamente abstrusas referencias históricas y literarias que abundan en su narrativa, la alternativa de frases directas y escuetas y las sinuosamente evasivas. Las imágenes claves y las marcas heráldicas del mundo de Borges ya forman parte del uso literario corriente".

Michel Foucault lo bendecirá como postmoderno tras abrir con su nombre, en 1966, *Las palabras y las cosas* ("Este libro nació de un texto de Borges", dice) y Gérard Genette ejemplicará con Borges los modos de la nueva crítica: "El tiempo de las obras no es el tiempo definido de la escritura, no es el tiempo indefinido de la lectura y de la memoria..." Y van pasando cosas un tanto imprevisibles: el escritor que muchos de sus contemporáneos consideran como ejemplo de quien le daba las espaldas al lector común, el hombre ya viejo que en 1963 se había afiliado al partido conservador argentino, aparece citado en las películas de Jean-Luc Godard y Alain Resnais. Bernardo Bertolucci ofrece, en *La estrategia de la araña* (1970), una versión de "El tema del traidor y del héroe" borgesiano. Y Mick Jagger, que no se queda atrás, utiliza frases de "Tlön, Uqbar, Orbis Tertius" y de "El Sur" en *Performance* (1970) de Nicolas Roeg.

Candidato a convertirse en ícono pop y candidato a un Premio Nobel que al negársele con reiteración convierte a la Academia Sueca en blanco de las maldiciones de lectores y quinielistas, Borges, irremediablemente, va adaptando un poco su obra a las condiciones de su fama. "El dictador" como había llamado Rodríguez Monegal al escritor enceguecido que dicta cuentos cada vez más compactos y poemas rimados, se transforma en un personaje de la cultura oral, invariablemente entrevistado y dueño, como pocos, de su popularidad: "No todo el mundo", dice Pauls en *El factor Borges*, "ha leído a Borges. Todos, sin embargo, lo han *oído*. Todos saben cómo hablaba, todos sabrían reconocer su voz".

Publicado poco antes del premio Formentor, *El hacedor* (1960) es una miscelánea que hace notoria la libertad que para Borges significa el reconocimiento sin incurrir, como algunos piensan, en la autocomplacencia provocada después por el milagro de contar con un público cautivo. En *El hacedor*, a las prosas breves le siguen los poemas y los cuentos. Homenaje a Lugones, *El hacedor* incluye un "Museo" de citas truncadas y de versos que parecen de almanaque, junto a poemas como "Blind Pew" que tengo entre mis favoritos. Quizá *El hacedor* sea ese punto en que un escritor se mira a sí mismo como clásico, el momento de la madurez perfecta en que todo lo que hace resulta fácil, el virtuosismo absoluto. Con todo, es en *El otro, el mismo* (1964) donde están varios de mis poemas favoritos: "Poema conjetural", "Poema del cuarto elemento", "A un poeta menor de la antología", "Una llave en Salónica" o los retratos de Poe, Reyes o Cansinos-Asséns.

"El poeta ciego", subraya Rodríguez Monegal, "dejaba de ser un escritor moderno y se convertía en un profeta". La ceguera, como él mismo lo contó a quien quiso oírlo, cambió su noción del tiempo y de la escritura; nació ese escritor oral descrito por Pauls que lograba, en el género de la conferencia, páginas de una perfección insólita en cualquiera de las épocas que conservan registros escritos, como puede verse en *Borges oral* (1979), que reúne charlas de fines de los años setenta, en *Arte poética* (conferencias originalmente dictadas en inglés y publicadas en 2000) o en *Siete noches* (1980), en las que Borges habla de la inmortalidad, del místico sueco Swedenborg, del tiempo o del cuento policial.

La fama de Borges, esa segunda vida que desconcertó a sus amigos y que fue vista como una broma o una autoparodia, también afincó la originalidad del escritor que colabora con otros. Traduce, a veces en colaboración con su madre, a William Faulkner, a Henri Michaux y a Virginia Woolf. Firma, con varias de sus amigas, volúmenes de divulgación que hacen la historia de las literaturas sajona, germánica, inglesa o norteamericana, lo mismo que monografías sobre Lugones, *El Martín Fierro*, el budismo o un *Manual de zoología fantástica* luego convertido en *El libro de los seres imaginarios*. No poca importancia tiene, a su vez, la *Autobiografía* (1970) que le dictó en inglés a Norman Thomas di Giovanni y que hasta hace poco tiempo no era reconocida como obra suya pese a su utilidad sintética, única, en un escritor que dispersó sus memorias, con las entrevistas, a los cuatro vientos.

Con Bioy Casares hará Borges seis libros entre 1942 y 1977. En su *Autobiografía* dirá acerca de *Biorges*, ese nuevo escritor, esa tercera persona que han engendrado él y Bioy Casares:

> Se da siempre por sentado en estos casos que el hombre mayor es el maestro y que el menor es el discípulo. Esto pudo ser cierto en un comienzo, pero pocos años después, cuando empezamos a trabajar juntos, Bioy fue real y secretamente el maestro. Él y yo intentamos muchas empresas distintas. Recopilamos antologías de la poesía argentina, de cuentos fantásticos, de cuentos policíacos, hemos escrito artículos y prólogos; hemos hecho ficciones anotadas de sir Thomas Browne y de Gracián; hemos traducido cuentos cortos de escritores como Beerbohm, Kipling, Wells y lord Dunsany; hemos fundado una revista, *Destiempo*, que perduró hasta tres ediciones; hemos escrito guiones para el cine, que fueron invariablemente rechazados. Frente a mi gusto por lo patético, lo sentencioso y lo barroco, Bioy me hizo sentir que la calma y la contención eran más deseables. Si se me permite una generalización, Bioy me llevó gradualmente hacia el clasicismo.

H. Bustos Domecq (y luego B. Suárez Lynch) —así llamados combinando apellidos de los abuelos de ambos escritores— será una especie de Borges en estado salvaje que se atreve a todo: a escribir malas historias policiales y a practicar una acerba parodia de la vida literaria argentina (de aplicación universal) en las *Crónicas de Bustos Domecq* (1967), el mejor libro de *Biorges*. Muchos de los temas consagrados por Borges en sus cuentos aparecieron por primera vez, de manera experimental, en la obra en colaboración con Bioy Casares. De *Borges* (2006), el monumental diario que Bioy escribió a lo largo de medio siglo de intimidad con Borges y uno de los grandes libros en la historia de la literatura latinoamericana, acaso quepa rescatar, como imagen primera, las carcajadas que salían del estudio de Bioy Casares cada vez que ambos amigos se reunían a trabajar. Borges y Bioy Casares, dice Juan Villoro y no lo dice en broma, componen una pareja cuya longevidad artística supera a las que asociaron a Laurel y Hardy o John Lennon y Paul McCartney.

Concediéndole la razón a quienes han leído a Borges como el extraño e inesperado representante de una "obra abierta" al estilo dominante del siglo XX y de sus teorías literarias, los libros de

Borges empezaron a aumentar en número poco antes de su muerte y aún después: se recuperaron los *Textos cautivos*, se editaron tres tomos de *Textos recobrados* y la tupida selva de los prólogos, biografías sintéticas y páginas de crítica ejemplar escritas en su vejez, que ocupan buena parte del tomo IV de las *Obras completas*. Dice Pauls que de Borges hay que leer, sobre todo, la letra pequeña: prólogos, epílogos, traducciones, notas al pie porque lo esencial, el sentido, no está en el cuerpo principal. La aseveración es discutible pero deja ver que a Borges, ya sea entendido como arrendatario de una obra abierta o como dueño de una difícilmente agotable mina filológica, no lo hemos acabado de leer.

El último Borges está asociado a la errancia del poeta ciego. En *El oro de los tigres* (1972), *La rosa profunda* (1975), *La moneda de hierro* (1976), *Historia de la noche* (1977), *La cifra* (1981) y en *Los conjurados* (1985), sus últimos libros de poemas, persiste el gran tema de Borges, su concepción del mundo como una maquinación cuyo sentido se va revelando en la medida en que se recorre el laberinto y la biblioteca o se insiste en la patria íntima, el culto de los mayores, la filosofía, la memoria, el olvido. Pero esas revelaciones, que se han atribuido a la mutación lenta pero segura entre Borges el clásico y Borges el romántico, tienen mucho que ver con la prodigiosa segunda juventud que fue su famosa vejez para el escritor argentino, expuesto a la felicidad de los mil y un viajes, a la relectura como incesante reinterpretación y a las zozobras y a las esperanzas del amor que primero conjeturó y luego llevó a cabo en Islandia, la tierra prometida visitada dos veces en sus últimos años y que tuvo por protagonista a María Kodama, la mujer con la que se casaría poco antes de morir. Borges finalmente le da la espalda a la Argentina caudillesca de sus venerados ancestros y muere exaltando el anarquismo solitario, provincial y a su paradójica manera, patriótico, de los confederados suizos.

Si los poemas finales de Borges son quizá los más imitados y hasta parodiados, obra de un escritor que goza en repetirse, algunos compiten con los de su madurez, como es el caso de los inspirados por Japón o los dedicados a temas de prosapia tan lírica como las nubes o aquellos que rememoran los lejanos atardeceres de la juventud. No pocos bien podrían servirle, previsiblemente, como epitafio. Propongo uno: *A otros les queda el universo / a mi penumbra, el hábito del verso.*

Algunos de los poemas del último período recuerdan al primero, como "La tarde"; otros son poemas de amor apenas enigmáticos como "El enamorado" o "Himno", epopeyas de la intimidad en las que Borges, tenido por impersonal, frío y cerebral se impone como un poeta, quien lo dijera, elegíaco.

Menos tradicionales son los últimos cuentos, que van desde el estricto realismo que se propuso como purga contra la profusión de los tigres y de los laberintos que quería dejarle a la laboriosa actividad de sus imitadores en *El informe de Brodie* (1970), hasta las piezas finales de *La memoria de Shakespeare* (1983), pasando por *El libro de arena* (1975). En el siglo que acabó de consagrar a la novela como el espejo en el camino del mundo burgués y en el tiempo en que la crisis de la novela fue tenida como un testimonio de la crisis del hombre, Borges rechazó la lectura o la escritura de novelas. Los torrenciales rusos, Stendhal, Proust y Joyce fueron blanco de las ironías borgesianas. "La imperfección congénita del género novelesco", su desorden, como lo recuerda Mario Vargas Llosa, hacían inaceptable a la novela para Borges.

Borges conservó hasta sus últimos días una inmensa nostalgia que supo trasmutar en ternura por el joven que fue, en Ginebra, en Madrid y en Buenos Aires, escribiendo al menos tres piezas en que él, viejo, se encuentra en una especie de sueño con aquel que fue y contrastan, todopoderosos viajeros en el espacio y usuarios de una máquina del tiempo, sus simpatías y diferencias. Ese diálogo está en "Borges y yo" (*El hacedor*), en "El otro" (*El libro de arena*) y "Veinticinco de agosto de 1983" (*La memoria de Shakespeare*). Y si se tratara de escoger un cuento final, otro epitafio, yo propondría, de éste último cuento, la pregunta que comparten el joven Borges y el viejo Borges: "¿Quién sueña a quién? Yo sé que te sueño pero no sé si estás soñándome."

3. La vida

"Yo no he vivido, he leído", dijo Borges mil veces, en casi todas las maneras posibles en que podía decirse. En "Un lector", poema de *Elogio de la sombra*, por ejemplo, la primera persona aduce: "Que otros se jacten de las páginas que han escrito; / a mí me enorgullecen las que he leído". A la convención aceptada por Borges de que hay una verdadera vida de la cual nos sustraen los libros, se agrega, como consecuencia fatal, la fantasía de que en un linaje como el suyo, pleno en hombres de acción, él ha sido débil, un letrado inconsecuente. "El remordimiento" es el título del poema donde ese sentimiento adquiere una dimensión aun más grave, una suerte de pecado capital: "He cometido el peor de los pecados / que un hombre puede cometer. No he sido / feliz". "Mi mente —concluye en ese mismo poema publicado en *La moneda de hierro* (1976)— se aplicó a las simétricas porfías / del arte, que entreteje naderías".

Borges contribuyó en mucho a propagar la certidumbre de que, en su caso, a la ceguera física, progresiva e incurable que lo aquejó, la había acompañado una ceguera aun peor, originada desde que nació, la que consiste en rehusarse a vivir a cambio de leer (y escribir), preso voluntario en una biblioteca en forma de laberinto o en un laberinto en forma de biblioteca: la de su padre, la biblioteca municipal, la biblioteca nacional, su propia obra concebida como la biblioteca de Babel.

Hay lectores que pensamos, al contrario, que la de Borges fue una vida intensa, apasionada, una vida trabajada por el tiempo, como él lo diría. En no pocos trazos de su biografía tuvo Borges como enemigos a quienes denuncian a los libros como la antítesis de la vida y acaban por quemarlos para alimentar el fuego de lo que suponen que es la vida. Sin duda, como tantos escritores antes que él, a Borges lo desalentó la rutina y anheló ser otro, honrando en la pampa a sus mayores o protagonizando algunas de las aventuras que ideó, en varios puntos del tiempo y del espacio, para sus personajes. La verdadera existencia, —se me ocurre ante los libros de

Borges— quizá no termina con los libros pero casi siempre empieza en ellos.

Borges nació el 24 de agosto de 1899, durante el penúltimo año del siglo XIX, en Buenos Aires. De su infancia en el barrio italiano de Palermo, de sus padres, de sus juegos infantiles con su hermana Norah, Borges nos habló con gracia y detenimiento. Sabemos muchísimo de él, a veces más de lo que deberíamos. De la vida de Borges, como de la vida de las mujeres de Kafka, conocemos, a veces, más que lo que sabemos de la existencia de nuestra propia familia. Adoró desde niño Borges a los tigres: se conserva un tigre dibujado por él a los cinco años, lo mismo que constancias de la precocidad con la que anunció, ante el regocijo de su padre, su destino de escritor, respaldado con un resumen infantil de la mitología griega y una traducción, publicada a sus nueve años, de "El príncipe feliz", de Oscar Wilde.

Sigo en lo esencial a dos de los más confiables biógrafos de Borges, su amigo el crítico uruguayo Rodríguez Monegal y al británico Edwin Williamson. En toda biografía de Borges, empezando por su *Autobiografía*, se concede mucha atención al linaje borgesiano, esencial para la comprensión de su universo literario. Descendía, por el padre y por la madre, de héroes de la independencia argentina y de las sangrientas guerras civiles que la siguieron. Particular emoción le causaba a Borges el final, más suicida que heroico, del coronel Francisco Borges, su abuelo paterno, en 1874. El abuelo de su madre, a su vez, fue el coronel Isidro Suárez que "comandó la famosa carga de caballería peruana y colombiana que decidió la batalla de Junín, en Perú", en 1824.

Su abuela paterna, la inglesa Fanny Haslam, fue gran lectora y causante de la anglofilia duradera de su hijo Jorge Guillermo y de su nieto, Jorge Luis, de formación bilingüe. Es la anciana que, en otra página de la *Autobiografía*, pide perdón a los suyos por demorarse tanto en morir. Borges mismo, por cierto, ignoraba buena parte de su árbol genealógico rastreado en Inglaterra, el cual presenta, según lo ha podido averiguar el genealogista Martín Haddis, a varios literatos excéntricos originarios del siglo XVIII, que hubieran estado orgullosos de su descendiente argentino.

El gentil padre de Borges, según apunta Pauls, dejó a su hijo emocionalmente endeudado. Casi siempre que Borges lo menciona, saca a relucir que le debe tanto la literatura como la ceguera. Jorge Guillermo, inclusive, escribió una novela romántica titulada *El cau-*

dillo —se publicó a cuenta de la familia en Mallorca en 1921— cuya trama tormentosa —un falso rapto que termina en tragedia— hubiera querido el padre que el hijo continuara con una secuela. No sabemos qué pensaba Borges de la novela de su padre; en cambio, una indiscresión necesaria nos dice que al seguir la costumbre de la época de mandar a su hijo con una prostituta para que se iniciara sexualmente, en Ginebra y en 1918, Jorge Guillermo puso a Borges en una circunstancia traumática.

Borges escribió *Evaristo Carriego* a finales de los años veinte para hablar de Palermo, el barrio de su infancia, que quizá sólo conocía merced a la literatura y a la leyenda. A ese barrio, como al Buenos Aires de los arrabales, que frecuentaba de joven, y al centro de la ciudad, donde vivió casi toda su vida, Borges le dedicó su primera juventud como poeta, conmocionado por el impacto al regresar dos veces, en 1921 y en 1924, de sus viajes por Europa.

Jubilado tempranamente por su ceguera, Jorge Guillermo se había llevado a su familia a Europa en 1914 y tras pasar por París y Londres, recalaron, aislados por la Primera Guerra Mundial, en Ginebra y más tarde, en Lugano, Mallorca, Sevilla y Madrid, las ciudades donde el joven Borges se encontró con la vanguardia, esa primera gran fiesta del siglo. En Europa descubrió a Walt Whitman, al expresionismo alemán y leyó muchísima literatura francesa (que nunca le gustó); en la Argentina, de regreso, conoció al excéntrico Macedonio Fernández, escritor tan influyente para él como lo había sido Cansinos-Asséns. Dirá en su *Autobiografía*: "Los lectores de Hume y Schopenhauer encontrarán muy pocas cosas nuevas en Macedonio, pero lo sorprendente es que llegó solo a esas conclusiones [...] Creo que Macedonio leía apenas una página y eso ya le estimulaba el pensamiento. No sólo sostenía que somos la materia de la que están hechos los sueños sino que estaba convencido de que vivíamos en un mundo de sueños. Macedonio dudaba de que la verdad fuera comunicable".

A la juventud de Borges la marcaron los amores frustrados y pospuestos, como es común. Menos ordinario parece el dominio ejercido por sus padres sobre él, que lo condenaron a ser un eterno hijo de familia. Estuvo enamorado, en dos momentos distintos, de las pelirrojas hermanas Lange (Norah y Haydée), hijas de un soldado y explorador noruego que dio a Borges sus primeras armas en el culto de lo nórdico y de sus mitologías. Cuando Norah lo dejó por el poeta vanguardista Oliverio Girondo, Borges sufrió, probablemente, la peor decepción amorosa de su vida. Odió a Girondo para siempre y Norah, mujer emancipada como lo dictaba su ibseniano nombre, además remató a Borges burlándose, en una reseña, de *Fervor de Buenos Aires*, el primer libro de poemas del despechado.

Las revistas de vanguardia (*Proa, Prisma, Martín Fierro*) quedaron atrás al acercarse los años treinta, en los cuales Borges pasa del culto argentinista de Lugones al cosmopolitismo de *Sur*, de los agitados cenáculos juveniles a una fama de madurez que le darán una imagen precoz, a los treinta años, de un escritor viejo y algo pasado de moda. En el pleito entre las dos orillas que marcaban el cauce de la literatura argentina, recordará Borges con ironía su adscripción al grupo de Florida contra el de Boedo: "No me gustaba lo que representaba *Martín Fierro*: la idea francesa de que la literatura se renueva continuamente, que Adán renace todas las mañanas, y de que si en París había cenáculos que promovían la publicidad y las disputas, nosotros teníamos que actualizarnos y hacer lo mismo. El resultado fue la invención de una falsa rivalidad entre Florida y Boedo. Florida representaba el centro y Boedo el proletariado. Yo hubiera preferido pertenecer al grupo de Boedo, considerando que escribía sobre el viejo Barrio Norte y los conventillos, sobre la tristeza y los ocasos".

Si le compara con dos poetas de su generación que pasaron por Buenos Aires en aquella época y a los que Borges nunca apreció ni humana ni literariamente —Federico García Lorca y Pablo Neruda—, Borges era sólo un escritor local. Suscitaba discusiones ya acaloradas (como la organizada en 1933 por la revista *Megáfono*) y se convirtió en víctima de la maledicencia de los nacionalistas, de la cual queda testimonio en el personaje llamado Luis Pereda, caricatura de Borges que aparecerá en *Adán Buenosayres* (1949), la novela de Leopoldo Marechal, uno de sus archirivales. Borges militó tempranamente contra el nazismo (visto entonces como un nacionalismo quizá exacerbado pero justiciero) y en 1936 tradujo, para el periódico *Crítica*, las "Escenas de la barbarie nazi", de Heinrich Mann.

El peronismo —la experiencia de enfrentarlo, una vez muerto su padre—, será para Borges, en varios sentidos, una forma de la madurez. Perón es también un fantasma familiar que regresa, es el sanguinario tirano federalista Juan Manuel de Rosas contra el que combatieron los antepasados de Borges y le exige al mimado Georgie la valentía de un soldado. Quizá pueda atribuirse a la modestia el que Borges no se haya dado cuenta de que la supuesta falencia de su vida, dedicada a la lectura y no a la acción, quedó desmentida por la entereza, a ratos muy valerosa, con la que se enfrentó al peronismo en 1946-1955, y de nueva cuenta en 1973, cuando volvió al poder el viejo general y Borges hubo de jubilarse de la dirección de la Biblioteca Nacional. Inclusive, el gran error político en la vida de Borges, su respaldo de la dictadura militar argentina en 1976, es una derivación temeraria de su antiperonismo.

En 1948 la madre y la hermana son detenidas por cantar el himno nacional en una manifestación antiperonista: doña Leonor es castigada con el arresto domiciliario y Norah pasa unos días, junto a algunas prostitutas, en la cárcel. Borges es elegido presidente de la Sociedad Argentina de Escritores y, privado del empleo que tenía en la Biblioteca Municipal Miguel Cané, desarrolla una actividad privada que le será muy provechosa en la segunda parte de su carrera como escritor, la de conferencista, rumbo que él pensaba que su timidez le impediría tomar.

Aquellos años de madurez, los del enfrentamiento con el peronismo, son también esenciales en la colaboración literaria con Bioy Casares (publican su *Antología de cuentos policiales*, lo mismo que un *Modelo para la muerte*) y arrojan una vida sentimental más intensa, la que lo lleva a involucrarse con Estela Canto en dos períodos distintos y con Margarita Guerrero. A la caída de Perón en 1955, finalmente, se sucede una metamorfosis en la escena cultural argentina que acabará por cambiar el lugar de Borges (y del grupo *Sur*, con él). Una nueva generación de intelectuales, decididamente marxista, legitima al peronismo desde la izquierda y Borges queda incrustado en la derecha. Se olvida, digámoslo así, el filonazismo de Perón y se olvida también el antinazismo de Borges.

En los felices años sesenta, Borges visita los Estados Unidos por primera vez y se sorprende de escuchar, en Austin, Texas, a los obreros hablando en inglés, lengua que para él era exclusivamente literaria. Ese y otros descubrimientos, gracias a los múltiples viajes, enriquecen la vida de Borges y de su madre, que viajan juntos, componiendo una pareja, como dice Pauls, a la vez conmovedora y siniestra. Los Borges no abandonaban la región del Río de la Plata desde 1924.

En 1967 ocurre el extraño primer matrimonio de Borges, con Elsa Astete Millán. Se trataba de una amiga de juventud de Borges que doña Leonor habría elegido como remedio a la aflicción que la madre sentía por el futuro de Georgie una vez que ella muriera.

Fueron muy infelices Borges y su esposa, que lo acompañó a Harvard, a Nueva York y a Israel (a la que Borges apoyó con inusual entusiasmo durante la Guerra de los Seis Días contra los árabes). Auxiliado por Norman Thomas di Giovanni, su traductor al inglés, Borges escapará de casa para divorciarse en 1970. Regresa entonces con su madre, que morirá a los 99 años en 1975. Las indecorosas fotografías del llanto de Borges al enterrar a su madre en el cementerio de La Recoleta, desplegadas por la prensa argentina, son un documento muy expresivo de la fama, equívoca como solo ella puede serlo, que lo rodeaba.

En el último cuarto de siglo que vivió Borges no habrá premio que no gane (con la excepción del Nobel, esa elusiva quimera) ni condecoración que no se le imponga ni cátedra que no sea creada, a menudo sólo con ese propósito, en su honor. Periodistas de toda laya lo entrevistan y a todos les reserva al menos una respuesta ingeniosa: no ha habido en la historia escritor tan particularmente dotado para la vida pública como lo fue Borges.

Que el peronismo volviese al poder, como ocurrió en septiembre de 1973, gracias a la voluntad libremente expresada en las urnas de los argentinos, resultó ser, para Borges, una descalificación absoluta de la democracia, esa "superstición estadística", como la llamaba. En 1970, los Montoneros, una organización guerrillera, secuestró y asesinó al general Pedro Aramburu, acusado de haber robado el cadáver de Eva Perón. Los Montoneros vieron en el regreso de Perón la oportunidad para instaurar una dictadura revolucionaria mientras que el anciano caudillo se sirvió de ellos sólo hasta el día de su regreso, en que los mandó reprimir en el aeropuerto de Ezeiza. Esa necrofílica guerra de facciones no podía sino horrorizar a Borges y oponerlo a todo cuanto el peronismo significara.

Isabel Martínez de Perón, la viuda del general Perón y vicepresidenta tras la muerte de éste en 1974, fue derrocada por un golpe militar que recrudeció a grados nunca vistos en la historia del continente, la represión, dirigida primero contra la izquierda peronista y luego, sin distingo, contra toda la oposición. Borges apoyó con entusiasmo a la Junta Militar durante los primeros años y la vio encarnando "un gobierno de caballeros" que borraría, como había pasado en 1955, al peronismo de la vida política. Borges fue incluso más lejos y cruzó la cordillera para recibir, en 1976, una condecoración del gobierno militar de Chile, a cuyo dictador, Augusto Pinochet, encomió.

Fue la locura de la propia dictadura argentina, obsesionada en justificar el terror con aventuras bélicas exteriores, la que permitió que Borges asumiese su costoso error político y moral. Tras perder, en los tribunales internacionales, un diferendo fronterizo con Chile que a punto estuvo de resolverse a tiros, los militares invadieron las Islas Malvinas, dominio que Inglaterra recobró en pocos meses, tras una guerra que hundió a la dictadura. Ante la vulgaridad del nacionalismo, ese viejo pecado suyo que veía esparcirse entre el género humano, se burló de la cobardía y la inepcia de los militares argentinos, responsables de haber enviado al matadero a cientos de reclutas imberbes, ateridos y mal armados. Poco después llegaron a sus oídos los primeros testimonios de las madres de los desaparecidos políticos. Una de ellas, vieja conocida de los Borges, fue recibida por el escritor en el departamento de la calle Maipú y de inmediato Borges dio crédito a su narración de crímenes espeluznantes. En agosto de 1980 Borges firma, con Bioy Casares, una declaración pidiéndole cuentas al gobierno militar de la suerte de los desaparecidos.

Avergonzado de haberle dado su aval a un régimen criminal, Borges adujo como explicación su ignorancia del mundo, hombre ciego incapaz de leer los periódicos y sometido a las opiniones sesgadas de su estrecho medio social. Verdad a medias: su liberalismo, a la vez individualista y conservador, lo mismo que el odio, en su origen antinazi, que sentía por el peronismo, lo predispusieron a respaldar sin contemplaciones a quien se le opusiera, en este caso, a los militares anticomunistas. Con todo, el escritor rectificó a tiempo y su oposición, viniendo de quien entonces era el argentino más famoso del mundo, fue eficaz, al grado de que los militares lo declararon enemigo público y hasta embargaron una edición de la revista estadounidense *Newsweek* donde aparecían declaraciones suyas contra la dictadura.

"Nunca mintió ni justificó el mal a sabiendas", dijo Octavio Paz de Borges al comentar las consecuencias de sus ideas políticas, a menudo imperdonables extravagancias estéticas, con las justificaciones teóricas de los ideólogos totalitarios. El poeta Juan Gelman, en un principio ligado a los Montoneros y padre de dos militantes desaparecidos, subrayó la valentía y la oportunidad de la rectificación de Borges, quien a fines de 1983 formó parte del público reunido a escuchar los primeros testimonios de las víctimas sobrevivientes del terror. Esas sesiones las abandonó Borges desconsolado. Apoyó Borges con entusiasmo al primer gobierno democrático elegido tras la dictadura, el del radical Raúl Alfonsín, quien se impuso a los peronistas en las primeras elecciones.

La vida política de Borges fue, como puede verse, más azarosa y larga de lo que nadie hubiera podido prever. De él puede decirse lo que de pocos escritores de su siglo: que aprendió de sus equivocaciones, rectificando no una sino varias veces. En nada hubiera mermado a su posteridad literaria el morir políticamente apestado, en un siglo donde abundaron los talentos obcecados con la ingeniería social y sus genocidios. Pero Borges prefirió cargar con el honor del arrepentimiento. Lo dice Williamson: renunció Borges a lucir la espada de sus ancestros, aquella que tan poética le había parecido: estaba harto, además, de "la mitología ensangrentada" de los héroes que él mismo había exaltado y se negó a suscribir la colecta que una familia que quería fundir el enésimo busto de un héroe militar del siglo XIX. Al final, en el último libro de poemas que publicó en vida, *Los conjurados* (1985), Borges decidió concluir su obra no con uno, sino con dos poemas "políticos": una estela en la memoria de Juan López y John Ward, el joven argentino y el joven inglés obligados por la historia a representar el drama de Caín y de Abel y, el otro, un homenaje a los conjurados que crearon la pacífica Suiza, esa "torre de razón y fe firme" en la que Borges decidió morir.

El destino final de Borges se deberá, sobre todo a partir de 1975, a la presencia de María Kodama, una discreta amiga argentina de origen japonés que se convirtió en el amor, al fin colmado, que había buscado durante su errancia existencial. Los incontables viajes de Borges, durante los años finales, se explican también, tal cual lo dice Williamson, por la necesidad de privacidad de una pareja asimétrica que en Buenos Aires debía de preservar las formas sociales viviendo en domicilios distintos y sosteniendo la ficción de que Kodama sólo era la jefa de gabinete de esa suerte de nación que Borges era en sí mismo.

Al final, contra la opinión de su familia, de sus amigos y del nacionalismo argentino que contaba con hacer del cadáver del escritor otra reliquia nacional, Borges decidió morir en Ginebra, la ciudad de su juventud, donde se casó con María Kodama meses antes del 14 de junio de 1986, el día de su muerte. "Soy un hombre libre", le dijo a los impertinentes que se sentían autorizados a pedirle explicaciones.

El verdadero aventurero, yo lo creo, es el lector de enciclopedias, que viaja cada vez que pasa una página; vivir es haber leído y confrontar la lectura con el horror o la belleza del mundo, y una existencia apasionante y completa es la de aquel que se equivoca y aprende al dudar de sus certezas. Ningún hombre tuvo —y al decirlo parafraseo a Borges hablando del místico Swendenborg— una vida más real que la de Jorge Luis Borges.

4. La obra de Jorge Luis Borges

Principales obras de Borges

Se enumeran por orden cronológico, a partir de la primera edición, y cuando no se indica el sitio de publicación se sobreentiende que se trata de Buenos Aires.

Fervor de Buenos Aires, edición privada, 1923.
Luna de enfrente, Proa, 1925.
Inquisiciones, Proa, 1925 [reeditada en Barcelona por Seix Barral, 1993].
El tamaño de mi esperanza, Proa, 1929 [reeditada en Barcelona por Seix Barral, 1993].
El idioma de los argentinos, Manuel Gleizer, 1929 [reeditada por Alianza Editorial Madrid, 1994].
Cuaderno San Martín, Proa, 1929.
Evaristo Carriego, Manuel Gleizer, 1929.
Discusión, Manuel Gleizer, 1932.
Historia universal de la infamia, Tor, 1935.
Historia de la eternidad, Viau y Zona, 1936.
El jardín de los senderos que se bifurcan, Sur, 1941.
Poemas (1923-1943), Losada, 1943.
Ficciones, Sur, 1943.
El Aleph, Losada, 1949.
Otras inquisiciones (1937-1952), Sur, 1952.
Poemas (1923-1958), Emecé, 1960.
El hacedor, Emecé, 1960.
Antología personal, Sur, 1961.
Obra poética, Emecé, 1964.
Para la seis cuerdas, Emecé, 1965.
El otro, el mismo, Emecé, 1969.
Elogio de la sombra, Emecé, 1969.
El informe de Brodie, Emecé, 1970.
El oro de los tigres, Emecé, 1972.

Obras completas, Emecé, 1974.
El libro de arena, Emecé, 1975.
La rosa profunda, Emecé, 1975.
Prólogos con un prólogo de prólogos, Torres Agüero, 1975.
La moneda de hierro, Emecé, 1976.
Historia de la noche, Emecé, 1977.
Obra poética (1923-1976), Emecé, 1978.
Borges Oral, Emecé/Editorial de Belgrano, 1979.
Siete noches, México, FCE, 1980.
La cifra, Madrid, Alianza Editorial, 1981.
Nueve ensayos dantescos, Madrid, Espasa-Calpe, 1982.
Veinticinco de agosto 1983 y otros cuentos, Madrid, Siruela, 1983.
Borges, el memorioso (con Antonio Carrizo), México, FCE, 1983.
Los conjurados, Madrid, Alianza Editorial, 1985.
Textos cautivos (Ensayos y reseñas en El Hogar, *1936-1939)*, Barcelona, Tusquets, 1986.
Obras completas (en cuatro volumenes), I. 1923-1949, II. 1952-1972, III. 1975-1985 y IV. 1975-1988, Emecé, 1989-1996.
Obras completas en colaboración, Emecé, 1991.
Borges en, Revista Multiculor de los Sábados, Atlántida, 1995.
Textos recobrados, 1919–1929, Emecé, 1997.
Autobiografía (traducción del inglés), El Ateneo, 1999.
Borges en, Sur, *1931-1980,* Emecé, 1999.
Arte poética. Seis conferencias (traducción del inglés), Barcelona, Crítica, 2000.
Textos recobrados, 1931-1955, Emecé, 2001.
Textos recobrados, 1956-1986, Emecé, 2003.
En diálogo (con Osvaldo Ferrari, I y II), México, Siglo XXI, 2005.

Bibliografía

5. Bibliografía

Obras sobre Jorge Luis Borges

Alazraki, Jaime (editor), *Jorge Luis Borges*, Madrid, Taurus, 1976 (El escritor y la crítica).

Bioy Casares, Adolfo, *Borges*, Barcelona, Destino, 2006.

Brescia, Pablo y Lauro Zavala (compiladores), *Borges múltiple*, México, UNAM, 1999.

Canto, Estela, *Borges a contraluz,* Madrid, Espasa-Calpe, 1989.

Flores, Ángel (compilador), *Expliquémonos a Borges como poeta*, México, Siglo XXI, 1978.

Gutiérrez Girardot, Rafael, *Jorge Luis Borges. El gusto de ser modesto*, Bogotá, Panamericana, 1998.

Lafforgue, Martín (compilador), *Antiborges*, Buenos Aires, Vergara, 1999.

Nuño, Juan, *La filosofía de Borges*, México, FCE, 1985.

Olea Franco, Rafael, *El otro Borges, el primer Borges*, Buenos Aires, FCE, 1993.

Pacheco, José Emilio, *Jorge Luis Borges. Una invitación a su lectura*, México, Raya en el agua, 1999.

Pastormelo, Sergio, *Borges crítico*, Buenos Aires, FCE, 2007.

Pauls, Alan, *El factor Borges,* Barcelona, Anagrama, 2004.

Pinilla, Augusto, *Jorge Luis Borges. La literatura como tierra propia,* Bogotá, Panamericana, 2004.

Rodríguez Monegal, Emir, *Jorge Luis Borges. Ficcionario. Una antología de sus textos,* México, FCE, 1985.

______, *Borges. Una biografía literaria,* México, FCE, 1987.

Sarlo, Beatriz, *Borges, un escritor de las dos orillas,* Barcelona, Seix-Barral, 1995.

Vaccaro, Alejandro, *Una biografía en imágenes: Borges,* Buenos Aires, Ediciones B, 2005.

Vázquez, María Esther, *Borges. Esplendor y derrota,* Barcelona, Tusquets, 1996.

Williamson, Edwin, *Borges. Una vida,* Barcelona, Seix Barral, 2006.

Referencias electrónicas

De las muchas páginas web existentes sobre Borges, la más útil es la del Borges Center de la Universidad de Pittsburgh: www.borges.pitt.edu/english.php

Jorge Luis Borges

se terminó de imprimir en el mes de octubre
de 2010 en Everbest Printing Co. Ltd.,
334 Huanshi Road South, Nansha,
Guangdong, 511458, China.
Para su formación se utilizaron las familias
Frutiger, diseñada por Adrian Frutiger en 1976,
y Sabon, diseñada por Jan Tschichold en 1966.